BEST BYE BOOK

La otra cara detrás de la pandemia.

Por qué salió Best Buy del mercado mexicano.

De

Fernando Quiroz Durán.

© Copyright 2021. *Fernando Quiroz Durán.* Todos los derechos reservados.

Es ilegal reproducir, copiar o difundir cualquier parte de este documento en formato digital o en papel. Está totalmente prohibido registrar esta publicación.

Índice

Introducción   4

PRIMERA PARTE

1. Best Buy se va de México   8
2. Un prometedor comienzo   17
3. Negociaciones iniciales con proveedores – Compras   26
4. El Centro de distribución – CeDis   33
5. Mercadotecnia   35
6. La gran apertura – Best Buy Mundo E.   37
7. Las siguientes aperturas   44
8. La salida de dos líderes   50
9. Los nombramientos   55
10. Las apuestas únicas   61
11. Los números de cada mes   64

SEGUNDA PARTE

12. Las aperturas y crecimiento desmedido   66

13. La estrategia promocional   71

14. El libertinaje laboral   78

15. El estancamiento y efectos en el mercado   86

16. Marketplace   93

17. Caída libre   97

18. Mi experiencia en el retail mexicano y algunos estilos.   104

19. Los 7 pecados – la lista de Best Buy Mx   141

20. Los 10 del retail mexicano   142

21. Conclusiones   163

22. Agradecimientos   183

23. Tu opinión   188

Introducción

¡Hola!

Estimado lector, agradezco mucho tu interés por adquirir este libro que te dará un panorama de lo que llevó a la cadena Best Buy México a cerrar sus puertas en 2020, está basado en lo que me tocó vivir, lo que sé, lo que vi y por testimonios de mucha gente que conocí ahí. Estoy seguro de que la cadena pudo haber sobrevivido al tema de la pandemia de Covid-19 a la que atribuyen su salida, lo hizo durante la pandemia de influenza durante 2009, obviamente la historia comenzaba y las tiendas eran muy pocas, pero la verdad va más allá, arrastraban varios años de inoperancia financiera y no lograban su punto de equilibrio que, en teoría, tenía que haberse cumplido entre el 2011 y 2013, cosa que nunca ocurrió.

En este libro les voy a relatar experiencias, hechos y circunstancias que a mi parecer tuvieron mucho sigilo del equipo de E.U.A que visitaba, por lo menos al principio, muchas veces a los directivos de México.

Algunos nombres en estos relatos han sido modificados para proteger la identidad del individuo.

Tengo más de 20 años trabajando para diferentes cadenas en el retail mexicano, en ese tiempo, he visto muchas cosas, he tenido gratas y desagradables experiencias, digamos que de todo un poco, pero la verdad pocas veces vi cosas como las que pasaron en Best Buy México y menos con esa frecuencia y esa falta de aprendizaje.

Espero ayudar con esto, a mi área de "*expertise*", compras, a directores, ejecutivos y a todos los involucrados en una cadena minorista, que pocas veces tienen la oportunidad o la curiosidad de adentrarse profundamente en las entrañas del negocio, sus procedimientos, procesos y prácticas, creo profundamente en que involucrarse en toda la cadena, desde el recibo en centros de distribución, pasando por compras, operaciones, lay out, mercadotecnia, ventas, diseño, tiendas, etc, hasta el servicio postventa en las cadenas es primordial, pero en ese ínter, hay detalles e infinidad de prácticas que van pudriendo la capacidad de la marca para sobresalir, para diferenciarse, para prevalecer y para marcar la diferencia.

Con mis relatos más adelante y las cosas que he visto en diferentes cadenas a lo largo de mi experiencia, seguramente te sentirás identificado con algo que has visto en tu lugar de trabajo, con algo que ya escuchaste, que ya pasó o algo que incluso te ha tocado vivir, aprovecha este libro, no caigas en malas prácticas y desarrolla tu potencial para sobresalir en tu empresa sin caer en los errores de otros. Al final te diré dónde podemos compartir vivencias y mucho más.

Apegado totalmente a mi derecho de libre expresión, el derecho que tengo a pensar y compartir con otras personas mis ideas, reflexiones y opiniones, es decir, el derecho a razonar y dar a conocer lo que pienso y lo que conozco es la razón por la que me decido a escribir este libro. Este derecho incluye también la libertad de buscar, recibir y difundir ideas, opiniones e informaciones, por cualquier medio y con personas de cualquier otro país. Nadie tiene

el derecho de prohibir o limitar mi libertad de expresión, (artículos 6°
y 7° constitucionales; y artículo 19 de la Declaración Universal de los
Derechos Humanos).

Tengo derecho a manifestar y difundir mis opiniones e ideas, así como a buscar, recibir y difundir información. Nadie tiene derecho a impedir mi libertad de expresión discriminándome por mi nivel de educación, color de piel, raza, género, clase social, el idioma que hablo, mi religión, ideología política, las opiniones que tengo o pueda expresar, mi país natal o cualquier otra condición.

Para comenzar, repasaremos el hecho, después, daremos un recorrido breve pero muy conciso de los hechos determinantes de la cadena desde su planeación, nacimiento, desarrollo y poco a poco con mayor detalle haremos énfasis con algunos ejemplos de las prácticas que llevaron a la cadena a tener que abandonar un mercado clave en su posicionamiento continental.

PRIMERA PARTE

1. **Best Buy se va de México.**

El martes 24 de noviembre del 2020, la cadena de tiendas de tecnología de origen estadounidense, Best Buy, anunció a sus inversionistas que tras 13 años de presencia en México saldrá de este mercado, señalando a la pandemia de SARS-CoV-2 como la responsable de la decisión tomada. La pandemia que se originó en China, como todos sabemos, tenía sus primeros brotes en diciembre del 2019, en varias ciudades del mundo había obligado al confinamiento, en México tardíamente desde Marzo del 2020, es decir, para el comunicado oficial habían pasado ocho meses.

Esa nota, así sorprendió esa mañana a todos los noticieros de negocios y algunos periódicos del país.

El comunicado continuaría con lo siguiente:

"Debido a lo anterior, a partir del 31 de diciembre de 2020, cerrará las 41 sucursales que tiene en México de forma ordenada, debido a los efectos que tuvo la pandemia del COVID-19 en su negocio haciendo inviable su permanencia en el país".

"A pesar de este trabajo extraordinario (de nuestros colaboradores), los efectos de la pandemia han sido muy profundos y no nos es viable mantener nuestro negocio en México", declaró el presidente de Best Buy México y aseguró que esta decisión no refleja de ninguna manera los esfuerzos que ha hecho su equipo de colaboradores".

"La firma dijo que brindará ayuda y soporte a sus colaboradores en este proceso de cambio y aseguró que las condiciones de conclusión de la relación con la empresa serán más favorables a las establecidas por la ley".

"Debemos sentirnos muy orgullosos de lo que hemos alcanzado en Best Buy México: construimos un equipo extraordinario y establecimos una cultura excepcional. Transformamos la manera en que los mexicanos interactúan y se inspiran con la tecnología, acercándola a millones de familias para mejorar sus vidas. Construimos la marca #1 en tecnología, con diferenciadores icónicos y el cliente nos ha honrado con una creciente participación de mercado".

"No me queda más que agradecer de todo corazón a los colaboradores y socios comerciales que fueron parte de esta aventura durante estos casi 13 años".

Entonces el mercado asumía que se había librado de un fuerte competidos y que además, habría muy pronto una "fuga de talento" desde Santa Fe CDMX para el resto del país.

CDMX a 24 de noviembre 2020.

El día de hoy, hemos anunciado a nuestros inversionistas que Best Buy saldrá del Mercado Mexicano. De nuestras 49 sucursales en el país, 8 ya han sido cerradas durante este año y el resto cerrará ordenadamente sus operaciones a clientes a partir del 31 de diciembre del 2020. Por otro lado, nuestro sitio web bestbuy.com.mx seguirá operando hasta agotar inventario.

Todos nuestros clientes pueden tener la confianza de que tanto las órdenes en proceso, como las compras que hagan durante las próximas semanas serán entregadas en tiempo y forma. Para cualquier otra duda, ponemos a su disposición nuestro call center, redes sociales y una lista de preguntas frecuentes en nuestra página.

En un emotivo mensaje dirigido a la organización, Fernando Silva, presidente de Best Buy México externó que: "Esta decisión no refleja de ninguna manera los esfuerzos que ha hecho nuestro equipo de colaboradores. Debemos sentirnos muy orgullosos de lo que hemos alcanzado en Best Buy México: construimos un equipo extraordinario y establecimos una cultura excepcional. Transformamos la manera en que los mexicanos interactúan y se inspiran con la tecnología, acercándola a millones de familias para mejorar sus vidas. Construimos la marca #1 en tecnología, con diferenciadores icónicos y el cliente nos ha honrado con una creciente participación de mercado".

Sin embargo, concluyó diciendo que: "A pesar de este trabajo extraordinario, los efectos de la pandemia han sido muy profundos y no nos es viable mantener nuestro negocio en México. Por lo tanto, no me queda más que agradecer de todo corazón a los colaboradores y socios comerciales que fueron parte de esta aventura durante estos casi 13 años".

Es importante destacar que brindaremos ayuda y soporte a nuestros colaboradores en este proceso de cambio y que las condiciones de conclusión de la relación con la empresa serán más favorables a las establecidas por la ley. Adicionalmente, daremos talleres a nuestros equipos para el uso efectivo de las diferentes plataformas de búsqueda de empleo, creación de Currículums, así como simulaciones de entrevistas de trabajo. Adicionalmente, cubriremos el Seguro de Vida de todos los empleados durante todo el año 2021 y también extenderá el Seguro de Gastos Médicos Mayores a los empleados que lo tienen por el mismo plazo.

Best Buy México.

De manera inmediata salieron los oportunistas consumados y amantes de la mercadotecnia encabezados por Grupo Salinas, que sin pensarlo dos veces se montó al barco de la trágica noticia y no esperó en enviar este comunicado:

GRACIAS POR TU ESFUERZO, BEST BUY

Ver a una tienda cerrar sus puertas nunca es una buena noticia y hoy lamentamos verlos dejar nuestro querido México. Gracias por haberlo intentado.

El 2020 nos va a dejar muchas lecciones; quizás la más importante es el valor de estar al lado de nuestra gente, de nuestros amigos, familiares, de nuestros paisanos, de nunca dejarlos solos... de no rendirnos.

No se preocupen por sus clientes, las más de 1,250 sucursales de *Elektra* estarán abiertas todos los días, de 9 a 9, para atenderlos y cuidarlos bien (por si un día regresan).

De parte de Grupo Salinas les deseamos muy buena suerte y esperamos verlos pronto de regreso invirtiendo y creando empleos en México. Mientras tanto, si necesitan alguna cosa antes de irse pueden pedir nuestros productos en la tienda en línea *elektra.com.mx*, donde siempre encontrarán las mejores ofertas.

Sabemos todos en el mercado mexicano que la estrategia de super crecimiento de la cadena Elektra se basa en las necesidades básicas de los mexicanos como tener una estufa, una lavadora básica, un teléfono celular, un carrito de tamales, o una moto para trabajar y también sabemos que el crédito es de los más caros y ventajosos en todo el país, es decir, la empresa se aprovecha en gran medida de la pobreza y de las necesidades de un pueblo trabajador que tarda años en pagar lo que solicita para poder sobrevivir y salir adelante.

No es precisamente Elektra la tienda con la mejor exhibición de producto, ni con expertos en tecnología en cada pasillo, ni que sus tiendas carguen con lo más reciente en *"gadgets"* porque simplemente el cliente objetivo de esas tiendas no lo busca, no lo necesita.

Después de las fuertes críticas en redes sociales sobre este comunicado, también otros "vivales" decidieron hacerse publicidad barata, corriente y oportunista como Doto.com, que con casi 80 empleados y oficinas ubicadas en Interlomas en el Estado de México y con no más de ocho cubículos en su interior ofrecieron a los empleados de Best Buy enviar su curriculum para ser considerados en su plantilla, sin saber que un puesto gerencial en Best Buy costaba lo que recibe un director en su empresa. La intención era simplemente aparecer en la foto de la tragedia para obtener menciones y comentarios favorables en redes sociales, haciéndose pasar por una empresa "ejemplo".

En los siguientes días notabas otras empresas publicando cartas de resignación y de solidaridad en redes sociales como en LinkedIn esperando ser vistos por páginas como "El Financiero", "El Economista", "Forbes México", "El Universal" etc, etc. para tener el tan ansiado *like* y *share*. Otras empresas más levantaron la mano para salir enrolados y aprovechar la noticia fueron, una vulgar demostración de exhibicionismo ridículo.

No se habían dado cuenta estas empresas que, para esa fecha (noviembre-diciembre del 2020), derivado de la pandemia del

SARS-CoV-2 que azotaba al mundo entero, México había perdido más de **cuatro millones de empleos formales**, el desempleo no era algo nuevo o algo que hubiera desencadenado la cadena Best Buy en México, era algo que pasaba todos los días desde marzo 2020, en todos los sectores, a todos los niveles principalmente gerenciales hacia abajo del organigrama.

Entonces, todas estas empresas gritando "envíenme su CV aquí los apoyamos…"

¿Qué estaban haciendo realmente para emplear a otros?

¿Era necesario pertenecer a Best Buy para ser considerado en su reclutamiento?

¿Necesitabas laborar en Best Buy para tener una entrevista?

¿Por qué no se pronunciaron antes para ofrecer empleo a millones de mexicanos desempleados por pandemia?

Y efectivamente, como decía el comunicado oficial de Best Buy en México se había hecho una cultura diferente y una forma de comprar tecnología totalmente distinta a lo que ofrecía el mercado mexicano, lamentablemente no pudo quedarse para afianzar esa diferencia y consolidar la supremacía que presumían en sus slogans publicitarios.

Recuerdo que en los viajes que hacíamos a Estados Unidos cuando trabajaba para OfficeMax entre 2003 y 2008 una parada obligada era visitar las tiendas que fuesen posibles de Best Buy, tenía una señalización diferente, experiencias de uso *"test and try"* y definitivamente era algo que queríamos imitar en nuestras tiendas en México, teníamos que adaptarlo a nuestro formato de tiendas para oficinas, esa forma excepcional de señalizar, de vender, de asesorar, de hacer ventas ligadas y de atención a nuestros clientes, era fascinante vivir una experiencia de compra en esa época, además de que contaba con lo mejor de tecnología a precios justos, ojo, no baratos, precios justos, es decir, ni tan barato que no sea sostenible, ni tan caro para dejar de ser la mejor opción en el mercado.

2. Un prometedor comienzo.

La llegada de la cadena estadounidense a México causaba gran interés en los consumidores mexicanos, sin lugar a duda también en las cadenas departamentales y aquellas en las que vender electrónica provocaba interés debido al *"refresh"* que esta categoría daba al piso de venta como en autoservicios, especializados, etc. Un ejemplo claro fue Suburbia, que después de vivir décadas con la venta exclusiva de ropa por temporadas, en 2010 decidió dar ese *"refresh"* a su piso de venta con "one shots" de una cantidad basta de artículos de electrónica como, audífonos, tabletas, accesorios de celular, telefonía celular a concesión, etc. Pero de este caso leeremos más adelante.

La expectativa para Best Buy México era incluso, ser el parteaguas de América Latina y con el tiempo, abrir tiendas en Centro y Sudamérica para tener una cobertura continental de la marca estadounidense en ese momento, lo mejor en tecnología, lanzamientos exclusivos y mucho más. México tenía pensado abrir 10 tiendas antes de los primeros tres años y eso era un buen inicio.

Al igual que las cadenas minoristas en México también la prensa hacía su trabajo y daba notas sobre la llegada de la cadena a México.

Foto: Periódico El Universal 20 de mayo 2008.

Todo se preparaba desde un entorno muy familiar en oficinas ubicadas en la calle de Mario Pani en Santa Fe, Ciudad de México, con sólo cuatro pequeñas oficinas, algunos cubículos, una sala de juntas y una estación de café, desde ahí se hacían las entrevistas y la selección del personal que formaría parte de los primeros pasos de la cadena en México.

Con más de mil trescientas tiendas a nivel internacional en ese momento, agosto del 2008, con presencia principalmente en Estados Unidos, Canadá, Europa, China y Puerto Rico y más de 40 años de historia en el mercado Best Buy se preparaba para abrir su primera tienda en México que se ubicaría en Mundo E, un centro comercial ubicado en el Estado de México, Tlalnepantla, sería la segunda tienda más grande del mundo después de China (que por cierto cerró en 2012 junto con Reino Unido), dos plantas y más de 6,800 metros cuadrados de exhibición, departamentos dedicados a computadoras de escritorio, laptops, audio y video, software, videojuegos, instrumentos musicales, CD's y DVD's, teatros caseros, reproductores portátiles, telefonía celular, línea blanca, servicios de instalación y mantenimiento llamado *"Geek Squad"*, una *"MacStore"* e incluso su propia cafetería.

Acompañado de un servicio especializado y expertos en cada sector los *"blue shirts"* estarían listos para aclarar cualquier duda al consumidor y brindarle una experiencia única de compra a cada cliente.

Las primeras contrataciones se daban en un ambiente optimista y en palabras del presidente de Best Buy en México, el Sr. Eduardo García Fabregat se comenzaba a formar el *"Dream Team"* del retail mexicano. Cada semana llegaba gente nueva a formar parte de ese gran equipo, provenientes de las principales cadenas minoristas del país como Liverpool, Palacio de Hierro, Comercial Mexicana, OfficeMax, Office Depot, Walmart, Costco, etc, etc.

En ese momento la estructura comercial estaba dividida en 5 subdirecciones denominados *"Domain Lead"* una terminología usada en EUA también:

IT – Information Tecnologies – cómputo, impresión, software, consumibles, etc.

DF – Digifun – telefonía celular, cámaras, MP3, accesorios, etc.

HS – Home Solutions – línea blanca, electrodomésticos, cocina, etc.

HE – Home Entertainment – TV, audio, instrumentos musicales, car audio, etc.

EN – Entertainment – videojuegos, música, series, ocio, etc.

Había una unidad independiente adicional dedicada a la Marcas Propias e Importaciones (*Private Label*) y por supuesto el escuadrón "*Geek Squad*" que daba servicio, asesoría y servicios de instalación a todos los mencionados anteriormente, un diferenciador único.

Cada subdirección o "*domain*" estaba soportada por un equipo de análisis de la demanda "DM – *Demand Planner*" que contaba con un gerente encargado o "*senior*" que reportaba a una dirección y a su cargo dos o tres resurtidores para conseguir un abasto, constante, preciso y monitoreado de forma diaria para eliminar riesgo en la carga de inventarios excesivos, siempre pendientes de la rotación y las compras "prudentes" y "viables", los análisis y la precisión de este equipo era realmente admirable.

También había un equipo de "CI – *Customer Insight*" encargados de conocer el comportamiento del cliente a la hora de comprar, su andar por la tienda, el tiempo de compra, hábitos de compra, frecuencia, etc, etc. Cada subdirección tenía un integrante de este equipo que reportaba directamente a Mercadotecnia.

Por último, un equipo de asistentes que ayudaban arduamente a la concentración de información para la alimentación inicial del sistema, reportes, alta de productos, formatos, etc. Ellos posteriormente serían candidatos naturales para crecer y desarrollarse profesionalmente, algunos lo lograron ahí, otros emprendieron caminos alternos también exitosos.

Así se conformaba cada subdirección que se alistaba para conformar un catálogo atractivo, exclusivo, único y bien diferenciado del resto de las tiendas especializadas en México.

El equipo internacional que al principio permanecía en México con visitas distintas cada semana desde Estados Unidos de América estaba sorprendido de la capacidad que había en México para la cantidad de subcategorías que era capaz de cargar cada comprador. Se rumoraba muy fuerte entre pasillos que en EUA había incluso un subdirector de "Instrumentos musicales" y que además tenían un comprador específico para comprar sólo "cuerdas", lo que realmente sorprendía a propios y extraños. Independientemente de la cantidad de tiendas en EUA la estructura parecía muy exagerada.

La presidencia en México de Best Buy como lo comentamos anteriormente, estaba a cargo del Sr. Eduardo García Fabregat, un conocedor del mercado mexicano implacable, con mucha carrera, con ideas muy claras de la misión y del proceso de crecimiento.

Tenía grandes credenciales y logros en empresas como Sears y Elektra donde se hicieron proyectos exitosos y duraderos de la mano de García Fabregat. Era prometedor estar bajo el mando de una persona con ambición comercial y conocimiento pleno del rumbo necesario para despegar.

Delegó la vicepresidencia a su mano derecha, Joaquín García, quien contaba con gran capacidad de liderazgo y quien se encargó personalmente de supervisar cada contratación, armar el equipo de subdirectores por división y coordinar el equipo de mercadotecnia con compras para una sinergia con capacidad de innovación y ejecución.

Poco después, nos mudamos a una oficina de Regus, también en Santa Fe CDMX, Regus es una empresa dedicada a la renta de oficinas con contratos flexibles, servicios de soporte como redes, impresión, recepción, etc. En cada oficina estaba un "*domain*" y desde ahí se planeaba la apertura de la primera tienda en México en Mundo E, Tlalnepantla Estado de México.

La verdad estábamos apretados, pero todo era parte de la preparación de las oficinas corporativas definitivas y de la convivencia que cada día tenía mayor cohesión entre los integrantes, seguían llegando las contrataciones y cada célula se robustecía para el gran día.

Los preparativos de la apertura en construcción avanzaban, los primeros acercamientos con proveedores se daban con gran interés por parte de las marcas y se comenzaban a armar catálogos junto con un equipo de sistema SAP proveniente de India que programaba la comunicación entre los servidores de EUA y México, etiquetado de tiendas, carga de artículos, clasificación, estructura, reportes y todo lo necesario para el monitoreo de la evolución del negocio.

3. Negociaciones iniciales con proveedores – Compras.

Las negociaciones iniciales básicas en una cadena retail son:

- Plazo de Pago.
- Margen objetivo.
- Descuento de apertura.
- Co-Op.
- Publicidad.
- Rebate.
- CeDis.
- Política de devolución.
- Fill Rate.

Algunos agregan a sus contratos rubros como:

- Descuento por aniversario.
- Rebate anual.
- Rechazos en Centro de Distribución (CeDis).

- Maniobras adicionales en CeDis.
- Plazo especial por temporada.
- Descuento Navideño.
- Mermas.
- Descuento por artículos nuevos.
- Descuento por alta de artículos en el sistema.

Entre otros, algunos se inventan fechas, expos, eventos privados y aportaciones especiales que únicamente sirven para dos cosas:

1. Incrementar el ingreso de la compañía por "otros ingresos" y,
2. Completar el margen institucional que a veces es necesario para compensar el margen total, derivado de malas temporadas, liquidaciones excesivas, outlets, malas compras, exceso de promociones, etc.

La exageración de las condiciones comerciales, la negativa de la dirección por equilibrarlas, la orden a los compradores de mejorarlas año con año y la incapacidad de un análisis de negocio profundo hace que las condiciones comerciales de algunas cadenas se vuelvan insostenibles.

En ocasiones, al revisar los estados financieros decide la mesa directiva que **el plazo de pago se debe ampliar** porque el apalancamiento de la empresa está mermando las utilidades. Además, el porcentaje de centro de distribución esta subsidiado por la empresa, lo que significa que debe subir ese porcentaje en 0.5%, ¿les suena?

Por qué no mejor pensar en lo siguiente:

- Los mínimos de compra son elevados – Negociación de Compras.
- La exhibición por la naturaleza del producto no es la correcta – Planogramas.
- La profundidad de los anaqueles es excesiva – Operaciones.
- Curso de capacitación a los compradores para calcular el cubicaje y costo de distribución por producto para cobrar lo justo por proveedor – RRHH.

- Compras más precisas y con mayor regularidad – Resurtido.
- Hacer más eficientes los tiempos de distribución a tiendas – CeDis.
- Agilizar el recibo en tiendas mediante mejora de procesos – Gerencias.
- Exhibición *"just in time"* – Eficiencia Operativa.

NOTA: Los excesos de promoción se originan desde la negociación inicial del comprador, la definición del costo, condiciones comerciales, fijación de precio de venta público, etc. Hay casos inconcebibles que veremos más adelante con unos ejemplos que las cadenas hacen "como que no ven", derivado de corrupción en las negociaciones y algunas relaciones comerciales viciadas y deshonestas.

Todos estos descuentos salen de la misma bolsa = del proveedor - distribuidor.

Son descuentos impactan SIEMPRE en el mismo lugar = precio de venta al público.

En consecuencia, son pagados por la misma persona = EL CLIENTE FINAL.

No es necesario ser economista para entender el sentido común de una estructura de costos simple.

En Best Buy, teníamos la gran oportunidad de hacerlo bien, no sé si a alguien se le escapó ese gran detalle o simplemente nos dejamos llevar por la corriente del retail en México, lo que sí sé, es que los comentarios a la hora de revisar la firma de contratos eran algo así como: "es muy poquito", "pídele más", "pide otro puntito", "súbele el plazo", etc.

Evidentemente, este tipo de contrato en Best Buy era IGUAL al que todas las cadenas retail en México y por obviedad, los precios serían elevados desde el principio. Aunque seas un excelente negociador, por más "*blof*", estrategias de negociación y argumentos, todo tiene un límite, podías aspirar a que tus precios fuesen 10% o 15% más bajos al principio, pero con una tienda abierta, la operabilidad y las ventas cortas te llevarían tarde o temprano a igualar o a ser incluso más caro en el mercado. De entrada, las cadenas existentes en México tenían una ventaja: <u>comprar volumen</u>, cosa que evidentemente con una tienda es imposible de hacer.

Nos convertimos en uno más, pero con espacios más grandes y con una profundidad de producto más completa, pero nada más.

La idea y el objetivo original de ser la mejor opción de compra, era de forma PERMANENTE, siempre, no sólo en temporadas especiales, o en aniversario, o ventas nocturnas, ni ofrecer meses sin intereses ni descuentos especiales, eso lo hace cualquiera, ¡lo hacen todos!

Teníamos que conformarnos con producto diferenciado de marca privada, colgarnos de las importaciones de EUA para ofrecer precio poquito más bajo o igual que si lo compraras allá, sólo tenías la garantía en México con una marca diferente, y hasta ahí.

Muchos proveedores argumentaban que para ser sólo una tienda (Mundo E) era mucho el peso de las condiciones comerciales, pero la expectativa y la promesa de expansión a corto plazo era tan atractiva que lo firmaban casi sin miramientos, había gran interés en participar desde el inicio con la cadena para poder permanecer en ella por mucho tiempo, así que no hubo mucho problema en la firma de aquellas actas iniciales de comercialización.

4. El Centro de Distribución – CeDis

La renta de oficinas en Santa Fe no era el único lujo de Best Buy en México, para hacerle frente a semejante proyecto, con ese pronóstico de crecimiento y con el potencial que al parecer tenía, se necesitaba un Centro de Distribución de primer nivel, incluso si sólo se contaba con UNA tienda.

Kuehne+Nagel, es una empresa de transportación (terrestre, marítima, aérea), servicios aduanales, seguros de carga y logística, especializada en tiempos y distribución precisa para tener una cadena de suministro eficiente. Empresa alemana con más de 120 años de historia en ese momento, con sede en Suiza, pero presencia en prácticamente todo el mundo, dedicado a las principales industrias de comercio como automotriz, perecederos, aeroespacial, consumo, tecnología, farmacéutica, etc.

En México más de 43 años de historia y presencia en los principales Estados del país, Best Buy figuraba en sus filas con una sucursal. Ubicada en Carretera a Tepotzotlan-La Aurora Km 1 en Cuautitlán Izcalli en el Estado de México, entregar mercancía a Mundo E era pan comido, a casi 26 km y haciendo 28 minutos promedio en cada envío con tráfico regular, no tenía que haber problemas, de ningún tipo, excepto uno, el costo.

Entiendo que la garantía de servicio y tecnología de distribución de este proveedor logístico puede aportar mucho valor y prestigio a la cadena, pero con una tienda era un lujo innecesario, no era costeable, pero se contaba con un amplio margen de apoyo por parte de su subsidiaria, Best Buy Co., Inc. cuya sede está en Minneapolis, Minnesota EUA para absorber ese y otros muchos gastos "iniciales" vistos como una inversión a largo plazo, es decir, con la visión y perspectiva que justo en ESE momento se tenía antes de las variables por venir.

¿Qué hubiera pasado si solicitábamos al proveedor entrega directa en tienda?

5. Mercadotecnia.

El departamento de Mercadotecnia comenzó con aproximadamente 25 personas y cerró la cadena con 35, ¿por qué? ¿Qué diferencias hubo o cuánta carga de trabajo representaba crecer un área en la empresa que generalmente siempre hacía lo mismo? Con todo respeto, conozco empresas con más de 100 tiendas dónde su departamento de mercadotecnia se mantiene igual desde que empezaron, es decir, con no más de 10 personas, multidisciplinarias, eficientes y con la misma carga de trabajo desde la tienda uno hasta la tienda número cien, sólo hay nuevos retos cuando hay aperturas, pero nada más.

En agosto del 2008 estrenábamos oficinas, decoradas en colores "zen" de acuerdo con un estudio para evitar el estrés, a puertas abiertas, amplios espacios, mampara baja, mucha luz y con un ambiente decorativo industrial.

Ubicados en Santa Fe CDMX, también, a un costado del corporativo de Movistar y frente al Centro Comercial Santa Fe, utilizando una sola planta del edificio en cuestión, nos preparábamos para la gran apertura de Mundo E finalmente.

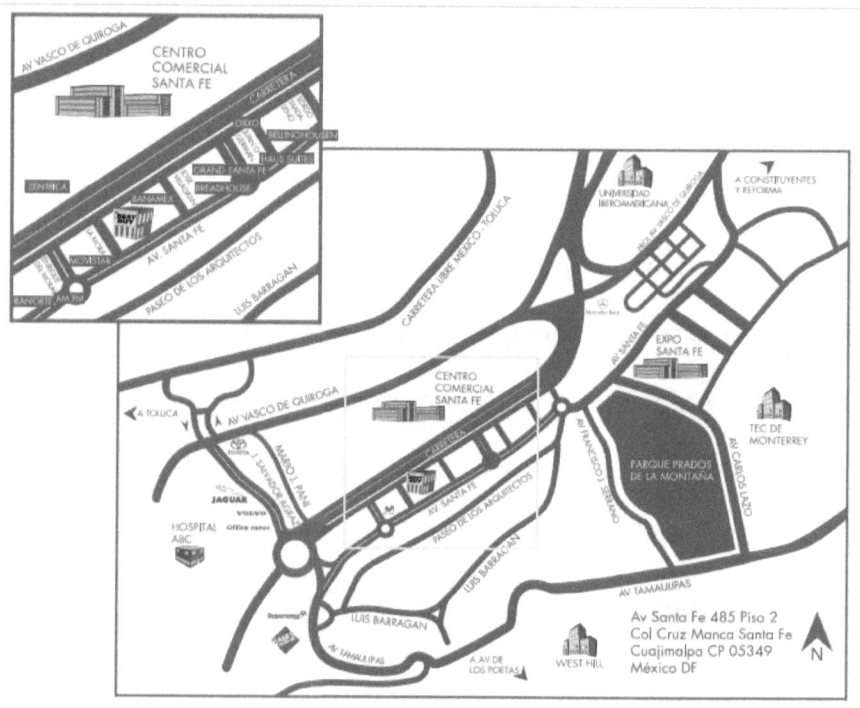

Mapa con la ubicación de las nuevas oficinas Best Buy México.

6. La gran apertura – Best Buy Mundo E.

Por fin, el viernes 5 de diciembre del 2008, de la mano de Bob Willet, presidente de Best Buy internacional, se inauguraba la primera tienda en México de la cadena estadounidense, siendo ésta, la más grande del mundo (después de China), más de 5,500 metros cuadrados de exhibición extraordinaria, presencia de los súper equipos especializados de soporte técnico "*Geek Squad*", en una gran ceremonia con la asistencia estelar del Presidente de la República, Felipe Calderón Hinojosa y el Gobernador del Estado de México, Enrique Peña Nieto quedaba oficialmente abierta al público.

Fotos: cortesía de PR Best Buy México.

Destacaba el Sr. Felipe Calderón en ameno discurso de apertura que fue en Best Buy dónde tuvo la oportunidad de hacerse de su primer laptop para continuar con sus estudios en Estados Unidos de América, lo que ocasionó orgullo entre los presentes y una carretada de aplausos y gritos de júbilo.

También se habló de la generación de empleos en el país, el potencial de la cadena en el retail mexicano, el fortalecimiento de la industria, la sana competencia, la vanguardia tecnológica que en años anteriores era evidente que la gente cruzara la frontera norte para adquirir artículos en estas tiendas, con esta apertura eso quedaba atrás. El Sr. Enrique Peña hizo lo propio hablando de la posición del Estado de México y su compromiso con jóvenes y empresas para el fortalecimiento de la economía local.

Por supuesto hubo palabras del Sr. Bob Willet, Sr. Eduardo García y obviamente una gran participación de la prensa y medios de comunicación cubriendo cada detalle del evento. Lo mismo hizo la guardia presidencial un día antes con un completísimo equipo de seguridad, binomios caninos para la detección de explosivos y todas las medidas pertinentes hasta la salida del comité de inauguración.

Más tarde tocaba el turno al público que desde temprano esperaba frente a la puerta de acceso principal del centro comercial para entrar a la tienda. Hubo una cuenta regresiva, todos con celulares grabábamos el gran momento porque era la culminación de semanas de arduo trabajo, pero sobre todo el gran comienzo de una responsabilidad enorme para tener siempre los mejores productos a los mejores precios y con una experiencia única de compra.

Fotos: celular personal.

Así culminaba un día emocionante, desafiante y de muchas satisfacciones, estuvimos en la tienda hasta el final del día y preparados para iniciar la siguiente semana con nuevos retos y la planeación de lo subsecuente.

Cabe señalar, sin han sido observadores, que el logo era diferente al que clásicamente aparecía en toda la publicidad de Estados Unidos, ésta no era otra cosa más que una ocurrencia de diferenciación mercadológica que evidentemente la competencia interpreto como "Best Buy pirata", "Mex Buy", "Bes Bay" entre otras muchas que se comentaban entre los integrantes del mundo tan pequeño que es el retail, hablo de proveedores, marcas, distribuidores, fabricantes, etcétera, etcétera, etcétera.

Entiendo que en ocasiones el poner un toque personal o diferenciador para de alguna manera buscar la originalidad o la tropicalización es adecuado, pero no con un logo icónico, no con una marca reconocida y que la gente identificaba plenamente, sin problemas, ¿por qué buscar complicaciones? ¡Y empezando!

¿Cambiarías la "M" de McDonald´s?

¡Claro que no!

¿Para qué?

¿Con qué objetivo?

7. Las siguientes aperturas.

La segunda tienda llegó en 2009 en Plaza Galerías en Guadalajara Jalisco, según datos de la publicación de la revista on line de Expansión *(jue 01 octubre 2009 03:34 PM)* se esperaba generar 300 empleos directos en la zona, para una tienda y en centro comercial.

Ahí mismo, se anunciaba la apertura de 3 tiendas más durante 2009, Polanco y Acoxpa en la Ciudad de México e Interlomas en el Estado de México.

Best Buy Galerías, Jalisco MX.   Best Buy Polanco, CDMX, MX.

Para estas aperturas el logo volvería a ser el tan afamado "*ticket*" que caracterizaba a las tiendas de Estados Unidos, recuerdo que el director de mercadotecnia, en una junta de Staff, se subió a una mesa con un puñado de etiquetas del logo anterior y unas tijeras, comenzó su participación gritando a los cuatro vientos: "Nos equivocamos" "Hemos aprendido" "Nos equivocamos" mientras daba de tijeretazos a las etiquetas y dejando a su alrededor pedacitos del logo anterior. Mientras explicaba que esa idea de tropicalización fallida era únicamente un intento, pero que lo grande había sido recapacitar y volver a la imagen anterior, la icónica, con la que nunca debieron experimentar, pero, en fin, así se regresó al logo original.

Volviendo al tema de las aperturas, evidentemente los planes con los que se habían negociado los contratos iniciales de condiciones comerciales no se estaban cumpliendo, se habían contemplado diez unidades en el primer año y sólo iban dos abiertas y tres promesas, es decir, la mitad de lo prometido.

La crisis que comenzó en EUA desde 2008 mermaba la capacidad de inversión no sólo en México y retrasaba los planes originales, se cerraron más de 100 unidades antes de 2012 en el país vecino del norte.

"Según las estadísticas del sitio web de Best Buy, tiene 956 ubicaciones en 2021, menos que las 977 tiendas en Estados Unidos durante 2020. También, señaló que cerró 12 tiendas después del 31 de octubre de 2020. La cadena de electrónica ha tenido menos tiendas cada año desde 2012".

Fuente: businessinsider.mx 05/02/2021 a las 9:30 AM.

Entre 2008 y 2012 se cerraron muchas unidades en Estados Unidos, había muchas teorías, internamente, el equipo internacional nos decía que eran pocas tiendas porque los locales eran viejos y que valía la pena reubicar algunas tiendas, otros decían que se buscaban mejores ubicaciones y que nuevos centros comerciales brindaban mejores oportunidades sobre todo en rentas y amenidades que convenian a la marca para tener mejor acercamiento con el público.

La única realidad es que Best Buy en Estados Unidos se había convertido en la mejor **vitrina de exhibición** para las empresas de venta por internet como eBay pero sobre todo **Amazon.com** que tenía un crecimiento constante y sólido desde el 2005.

Con el acceso y la euforia de los *smartphones* cualquier persona podía verificar en línea el precio de algún artículo en la web, compararlo al mismo tiempo y finalmente hacer el famoso *"test & try"*, ¿dónde más? ¡en Best Buy, por supuesto!

Una vez que habías probado el producto únicamente había que darle "*click*" en "Comprar" para recibirlo al otro día en las puertas de tu casa. La diferencia en precio era considerable, entre 10% y hasta 20% más económico, simple y sencillamente porque eBay y Amazon no tenían que cargar con los fuertes costos de distribución, exhibición, cabeceras, muebles, display, seguridad, alarmas, condiciones comerciales, etcétera, etcétera, etcétera.

Algo inquietante que debió formar parte de las estrategias inmediatas en México para prevenir un futuro sólido, en ese momento Walmart.com se preparaba para incursionar en México, Mercado Libre invertía para robustecer la plataforma, mejorar el Marketplace y surgían nuevos jugadores como Linio entre otros. Best Buy Mx dormía en sus laureles pensando únicamente en abrir más tiendas.

BBC

2005 - Amazon lanza la afiliación a Prime

Después del lanzamiento del Mercado Amazon en 2000 -que abrió la plataforma a miles de pequeñas empresas- Amazon sintió la necesidad de impulsar su servicio de entrega a sus clientes leales.

Amazon Prime fue lanzado en 2005, ofreciendo el despacho más rápido de artículos seleccionados. Las ventas de todo tipo de artículos se incrementaron.

Más de 100 millones de clientes abonados son miembros del servicio de subscripción Amazon Prime, que también ofrece *streaming* de video y música.

Es el segundo mayor programa de subscripción pagada en el mundo.

2007- Amazon lanza su primer producto de consumo: el Kindle

Amazon nunca se olvidó de sus orígenes en la venta de libros. Cuando los libros electrónicos empezaron a volverse populares, Bezos lanzó el Kindle en 2007, que se volvió líder en el sector.

Los dispositivos inteligentes Amazon crecieron exponencialmente, ante la fuerte competencia de Apple y Google a principios de los 2010.

Sin embargo, Amazon fue la primera en lanzar un dispositivo inteligente: el altavoz Echo, con su propio **sistema de inteligencia artificial, Alexa.**

En este momento es el tercer vendedor de dispositivos inteligentes en EE.UU.

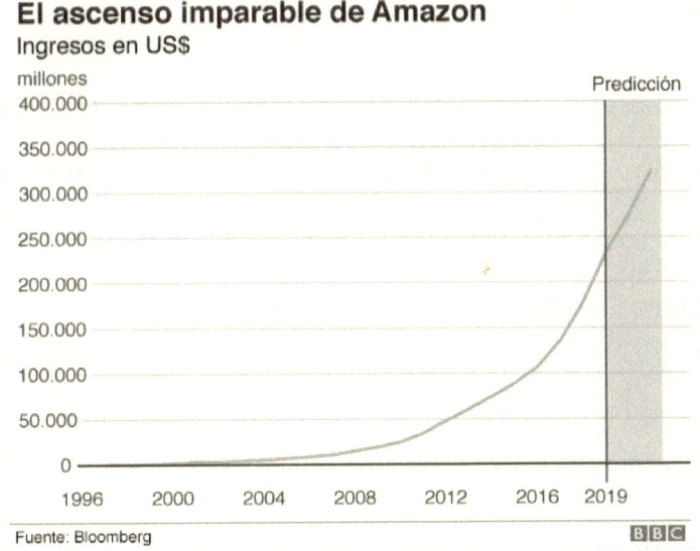

8. La salida de dos líderes.

La estructura comercial era muy importante para Best Buy México, era vigilada de cerca por el presidencia y VP Comercial. Ambos contaban con amplia experiencia en el tema como lo comentamos anteriormente de forma individual, la confianza de haber trabajado juntos y la empatía en el estilo de liderazgo hacía sentir tranquilidad a la presidencia.

La Vicepresidencia Comercial abarcaba la parte de Compras y la coordinación con Mercadotecnia, algo primordial para afinar la estrategia comercial de la compañía. El liderazgo de Joaquín era "Democrático – Formativo" según el libro de Daniel Goleman que a la letra dice:

Estilo democrático - "¿Qué opinas tu?"

"Los trabajadores tienen voz y voto en las decisiones incrementando así, la flexibilidad y la responsabilidad. El líder participativo busca siempre la toma de decisiones por consenso, las personas que se encuentran en un sistema democrático tienden a ser muy realistas acerca de qué puede o no ser logrado".

Estilo Formativo "Inténtalo ..."

"Contribuyen a que los empleados identifiquen sus fortalezas, debilidades y aspiraciones profesionales, ayudando a establecer metas de desarrollo. Estos líderes dan tareas desafiantes a sus empleados y estar dispuestos a soportar a corto plazo el fracaso, ya que se centran en el desarrollo personal principalmente. Los motiva a que tomen iniciativas y genera un ambiente de crecimiento conjunto".

En las juntas, cuando se trataba de área de compras, generalmente estábamos todos, es decir, alrededor de 40 personas. Y si se involucraba a mercadotecnia se incrementaba casi al doble. Lo bueno, la comunicación, sabíamos de buena fuente los objetivos generales de la empresa, las prioridades, los puntos críticos, los siguientes pasos, etc.

Además, tenías voz y voto para comentar cualquier tema y se tomaba la minuta puntual para darle seguimiento a cada punto. Eso te hacía sentir respaldado y sobre todo daba tranquilidad y certeza del rumbo a seguir para el logro de objetivos, primero individuales y después generales.

Para Joaquín trabajar en Best Buy era su *"must"* (dicho por él), era culminar años de trabajo en un proyecto que siempre había buscado y con el que se sentía comprometido, con la posición, con la gente, con las tiendas, con la presidencia de la compañía y con él mismo.

Durante la primera semana de diciembre 2009, de forma inesperada y con modos al estilo del FBI salía de la empresa Joaquín. Una noticia inquietante que a todo el equipo comercial sorprendió sobre todo por las formas, la manera de hacerlo por parte del equipo internacional dejaba mucho que desear, a escondidas, ala mala, prácticamente como un operativo de inteligencia que no tenía nada de inteligente porque se hizo sin el menor cuidado, sin respetar al individuo y sin las mínimas atenciones diplomáticas o empresariales que se esperaban.

¿En dónde había quedado el lado humano y de respeto que tanto se presumía? ¿Qué había hecho para merecer semejante trato? La verdad se supo a medias entre pasillos y se trataba de un malentendido en tiendas que sirvió de excusa burda y escueta para manejarlo como un "conflicto de intereses", nadie pudo defender a Joaquín, el equipo internacional había decidido separarlo del equipo de forma definitiva, se sabe bien que las reglas en EUA son tajantes, no hay grises, es negro o es blanco, pero nunca a medias tintas. Lo único malo, repito, los modos.

El tibio comunicado de su salida solo hablaba de lo que todos sabíamos, Joaquín se iba y ya.

Era bien sabido que no a todos caía bien Joaquín, era un tipo temperamental pero siempre con buen control sobre sí mismo y sobre todo con una inteligencia emocional a prueba de mentadas de madre. Una de sus mayores virtudes era decir las cosas como son, sin rodeos y sin medianas tintas políticas, eso a muchos no les gusta porque la verdad siempre duele y porque esperas mayor optimismo de un líder importante en la estructura empresarial, Joaquín decía las cosas así, a rajatabla, realista y directo y eso, es lo que pudo molestar a varios locales y extranjeros.

A finales de agosto del 2011 Eduardo García Fabregat anunciaba su salida de la presidencia de Best Buy México, sinceramente nadie creía sobre el "retiro adelantado" al que hicieron gala el día del comunicado.

¿Quién se quiere ir de un proyecto tan magno y ambicioso? menos si has trabajado en eso desde 2007 y, por si fuese poco, en la cúspide de una carrera loable en el retail mexicano, yo creo que nadie, mucho menos por el renombre que el crecimiento y la expansión podría brindar a mediano plazo.

Personalmente pensé que vendría alguien que ya estaba formando el equipo, posiblemente algún director tomaba la presidencia y algún subdirector tomaría el puesto de VP Merchandising, la verdad hubiera sido algo lógico había gente muy calificada y obviamente con la mejor actitud, estaba seguro de que seguiríamos por buen camino a pesar de las bajas, pero no, era aquí precisamente cuando comenzaba lo malo.

9. Los nombramientos.

El primero de septiembre del 2011 era nombrado presidente quien firma el comunicado de salida de México, para mi "Silvio" a partir de aquí en el libro, no por protegerlo porque arropado está y bien, sino por hacer llevadero el relato, nada más.

Silvio formaba parte del equipo internacional desde 2005 y además había pasado algunos meses a lado de Eduardo quien parecía haber hecho el trabajo sucio antes de la primera apertura para después decirle "muchas gracias por empezar esto, bueno bye, vaya bien".

De 1999 al 2002 Silvio fue vicepresidente de productos de consumo y comercialización en Kodak, es decir, no había mucho futuro... ¿o sí? piénsenlo, recuerden el final de emblemática marca... Era parte de una historia catastrófica, como la que encabezó en

México al mando de Best Buy. ¿No investigaron nada, o era un aplauso a la ineptitud o no había alguien más?

Silvio llegaba como maestro en administración por parte de la Escuela de Negocios de la Universidad de Rochester, y también contaba con una especialidad en ingeniería eléctrica por el Instituto de Tecnología de Rochester, al parecer, todo un directivo. De nacionalidad portuguesa, con ningún dominio del idioma español, tampoco con conocimientos profundos del consumidor y mercado mexicano y menos de la cultura del trabajador en México, hablando de tiendas y corporativo porque hasta libros hay de eso, iniciaría su gran aventura en la cumbre del organigrama a ciegas.

También, alguien tenía que sustituir a Joaquín, entonces el encargado de esa difícil labor no correría a cargo del flamante presidente, ni por la titular de Recursos Humanos, ni de un Head Hunter especializado, tampoco de la dirección de operaciones o la experiencia y contactos de la dirección de Mercadotecnia. Esto lo iban a dejar a cargo del Sr. Steve G., "Director of International Merchandising" (hasta febrero 2011), de la misma forma, con nulo conocimiento del mercado, ni relaciones públicas, ni lazos interpersonales en el retail mexicano, Steve estaba decidido a traer al mejor en esa posición, según él.

Recursos Humanos comenzó con la difícil labor de reclutamiento, al final había 5 candidatos que incluso tenían entrevistas en la oficina central en EUA.

Después de tremendo filtro, quedaron únicamente 2 candidatos, el primero (que por cierto llegó al último) estaba calificado con amplio conocimiento en retail con carrera en Sam's en México y Estados Unidos, director de compras en conocida cadena de suministros de oficina y cualidades perfectas para el desarrollo de cadenas en México, comprobables.

El segundo candidato, con una carrera ascendente en cadena departamental que duró 14 años hasta culminar con la dirección de compras (pero con una salida dudosa) y no más.

Steve, sabiendo que la cadena departamental de la que provenía el candidato se perfilaba como competencia directa de Best Buy, el carisma y habilidad del candidato para hacer comentarios empáticos con el interlocutor inclinaron la balanza hacia él. Fue la única justificación que se le ocurrió a Steve para tomar la decisión, eligió a "Juan Aveces", llamémoslo así a partir hoy para identificar este momento en el libro, Juanito VP Merchandising & Supply Chain.

Para este momento los roces entre el equipo mexicano y el equipo internacional ya eran muy evidentes, ya no había quien mediara las discusiones ni las posturas de un área con otra. Los subdirectores estaban atosigados por juntas, reuniones, informes, presentaciones de estrategias de EUA y mil ejemplos de cómo hacer las cosas.

La realidad es que ellos sabían hacer todo eso muy bien, pero había casos en los que era necesario aplicar la "tropicalización de mercado", es decir, posiblemente en las calles de New York es muy común y recomendable vender el *"hot dog"* con mucha mostaza y col caliente, todos lo hacen así y es muy bien aceptado, lo mismo encuentras en el estadio, en un bar y en otras ciudades, y el que no lo hace así simplemente no vende.

En México, los *"jochos"* nos gustan con mucha mayonesa y mostaza, otros le ponen mucha cátsup, salsa pico de gallo y rajas de jalapeño bien picadito, algo que de la misma forma puedes pedir en Monterrey, CDMX, Guadalajara, etc. El consumo en México es similar al estadounidense, pero a nuestro modo.

Esto representó algo dificilísimo de entender para los estrategas americanos, los choques eran inevitables en cada junta, unos por imponer y otros por negarse a obedecer tendencias americanas aplicadas en territorio nacional. Ya se había recapacitado en su momento sobre el logo, pero esto era distinto, la estrategia comercial del producto y de los servicios tenía que hacerse bien.

En ese momento surgió "el mediador", alguien del equipo fundador que formaba parte del equipo comercial y que sin lugar a duda entendía del número y contaba con una facilidad otorgada por el Excel para proyectar expectativas, tendencias numéricas y basado en su experiencia, las temporalidades que se aproximaban para calmar los ánimos y dar tranquilidad al equipo internacional, simplemente decía lo que ellos querían escuchar, así de fácil. Bastaba con moverle al Excel para ajustar a la realidad, pero la proyección del siguiente mes daba esperanza nuevamente, y así por muchos años. A él lo llamaremos a partir de este momento "Ludovico Ramírez".

Estos argumentos y la increíble verborrea daban mucha tranquilidad a Silvio que quedaba atónito con cada justificación exhibida por Ludovico, entendía que era lo que necesitaba para sobrellevar el barco en tremendos mares turbulentos de competencia y guerra publicitaria, si no era así, ¿qué demonios iba a decir cada mes?, si no tenía ni idea de lo que pasaba afuera, ni adentro, ni lo que venía, ni como asumirlo, ni cómo prepararlo y mucho menos explicarlo. Silvio encontró en Ludovico el parachoques perfecto.

Entre Ludovico y Juanito armarían la mancuerna perfecta para torear a Silvio y el destino de la cadena estadounidense a partir del periodo 2010 – 2011.

10. Las apuestas únicas.

Desde el inicio, las apuestas por tener productos exclusivos o diferentes era una constante, formaba parte de un reto personal en cada posición en el departamento de compras y sinceramente había muy buenas oportunidades, por ejemplo, recuerdo una publicación dónde el iPod costaba lo mismo aquí en México que en EUA, eso era algo muy atractivo para ese momento, la gran ventaja era que tenías la garantía en México y podías disfrutarlo de inmediato. Otra muy sonada fue la pantalla de 100 pulgadas, que para 2008 era la única en su tipo, costaba más de 100 mil pesos, y sorprendentemente si se vendió, cliente confidencial.

También había discos duros de 2TB que en ese momento no había en el mercado, lo más grande en capacidad de almacenamiento en ese momento era el disco de 320 GB portátil y 1 TB de escritorio. Desktops y laptops para gammers, software de todo tipo, cámaras digitales, los más recientes teléfonos celulares, todo lo necesario para networking, auto estéreos, todo para el DJ, audio espectacular de la marca Magnolia y muchísimo más.

Una parte esencial en la estrategia de catálogo y diferenciación, eran las marcas privadas que se podían traer directamente de EUA, entre las principales marcas estaba Geek Squad* (servicios y soporte técnico), Rocketfish* (cables), Insignia* (pantallas) y Dynex* (accesorios) como los más destacados. Eran marcas con gran respaldo, con excelente presentación de empaque, calidad y sobre todo con una buena relación costo – beneficio.

Era por obligación en punto de venta, ofrecer los complementos que ofrecían estas marcas como venta ligada al producto madre, es decir, si comprabas una pantalla, el vendedor o asesor *"blue shirt"* te ofrecía los cables, el soporte, el limpiador, etc, etc. Evidentemente el ticket se elevaba y la experiencia de compra por solución en todo su ecosistema se enriquecía.

*Todas las marcas registradas por Best Buy Enterprises, USA.

Había todo lo necesario para pasar horas en la tienda, tal y como se hacía en las tiendas de Estados Unidos cuando tenías oportunidad de visitar una. El servicio era excepcional, las exhibiciones eran las mejores, la asesoría y servicios de mantenimiento, soporte, optimización e instalaciones espectaculares, no podías creer que todo estaba en un mismo lugar.

11. Los números de cada mes.

Del cierre de mes, cálculo de aportaciones e inyecciones al margen final corrían a cargo de cada subdirector y Ludovico era el coordinador de todos los fondos a nivel compañía a partir de la petición de Silvio para evitar el contacto con cada subdirección y en medida de lo posible minimizar el riesgo de ser mareado con algún argumento que evidentemente no podría enfrentar, ni rebatir, ni entender.

Eso, con el paso del tiempo brindaba a Ludovico conocimiento suficiente para detectar perfectamente las categorías con potencial, las fuertes, las que más recuperaban, las más rentables, las de mayor flujo, las que más promocionan y las que mejor ejecutan el dinero disponible, y además, las más bajas, las que no dejaban, las que promocionan demasiado, las que no recuperan, las pequeñas, etcétera, etcétera, etcétera.

Los dos lados de la moneda a fin de cuentas para dominar el teje y maneje de dinero en la administración, algo que evidentemente era tarea de Juan que "en teoría" tendría que reportar directamente a Presidencia, pero como tampoco sabía hacer eso, pues se dejaba llevar como barquito de papel confiando plenamente en Ludovico "el numérico" y diciendo "SI" a todo para no quedar mal.

Tener el control absoluto en el manejo de los números también le daban a Ludovico la oportunidad de acomodarlos donde mejor se veían, el manejo de información brinda poder y otorga al poseedor un peso específico importante en la toma de decisiones e influyentismo en la parte alta del organigrama. De esa manera se equilibraban los resultados de cada "*domain*" una mala práctica que, a la larga, no permitiría ver la eficiencia y rentabilidad de cada división, pero nadie estaba ahí para evitarlo, la salida de los principales líderes y la salida paulatina de los subdirectores dominantes le daba carta abierta a Ludovico para hacerlo a su antojo, con la complicidad y aprobación de Juanito obviamente.

SEGUNDA PARTE

12. Las aperturas y crecimiento desmedido.

Durante los primeros años, como habíamos comentado anteriormente, la operación en México era absorbida y subsidiada por Estados Unidos, en teoría, se tendría que haber alcanzado la autonomía entre 2013 y 2015, algo que nunca se logró derivado de un crecimiento desmedido y descontrolado. La recomendación de Ludovico cada año era abrir más tiendas para llegar al punto de equilibrio según sus proyecciones, lo que nunca consideró era claramente el ROI, GM-ROI, el costo de las rentas, las exorbitantes plantillas laborales, gastos operativos, incremento del tráfico y operaciones en Centro de distribución, prestaciones, etc. Cada año era lo mismo, "ahora si ya casi..." "este año si, es el bueno..." "ya estamos casi..." y al final esta situación no fue soportada más por la matriz quien paulatinamente retiro los apoyos iniciales.

Por si fuese poco, llegó la idea fabulosa de abrir tiendas Best Buy Express, que comentaremos más adelante pero que al final tuvieron el mismo final, se irían cerrando.

¿Por qué nunca hubo una auditoría profesional?

¿Por qué no hubo renegociación de rentas y gastos?

¿Nunca se consideraron otras vías de distribución de mercancías?

¿Cuál era el costo de hacer cambios drásticos en la administración?

Con el paso del tiempo, seguían los cambios, para algunos, Best Buy sirvió de trampolín para migrar a otras empresas con mejores perspectivas de superación profesional y obviamente personal y para otros la decepción los orilló a buscar otras alternativas laborales.

Otros, después de salir para otro retail, tras una ausencia de meses prefirieron hablar a sus exjefes directos para pedir disculpas y regresar, una repatriación porque evidentemente la exigencia en otras empresas es demasiado alta, sin embargo, en Best Buy había mal acostumbrado a varios, al clima relajado, de hermandad y buena voluntad y Juan era un pan.

Finalmente llegaron mejores ofertas para el director de Mercadotecnia y toda la base directiva de Recursos Humanos que brilla en otras empresas, entre otros cambios que también hubo a nivel gerencial.

Llegó un director de Recursos Humanos de origen latino, Axel Tower, que también trabajó en Estados Unidos para Best Buy en Miami por 7 años como distrital de recursos humanos para encontrar su cumbre organizacional en México del 2013 al 2014 comenzando con un título más o menos así: Sr. Director, Operations, HR, Services, For Business, Training & Asset Protection y del 2014 al 2018 como Regional VP Operations, Services, For Business & AP. Se encargaría de todo el departamento de recursos humanos, operaciones y metiendo manita en mercadotecnia (servicios), seguramente para amortizar el gasto de nómina, pero poniendo en alto riesgo la prosperidad de la compañía para alcanzar el tan deseado punto de equilibrio que al final, era una labor de todos en la organización. Las contrataciones tampoco fueron las mismas, la exigencia era menor, igual que la paga y evidentemente el desempeño y los resultados también mermaron.

A Axel también se le atribuían las maniobras de mercadotecnia como las compras de trabajos para el personal de tiendas a dedazo, sin licitación, sin comparativa de precios, calidad, servicio, nada, las compras eran al que él decía, a pesar de los cuestionamientos de la persona encargada de emitir tales órdenes, por ejemplo, los gafetes que traían los asociados en tienda, los *"blue shirts"*, los que dicen su nombre y cargo, se compraban en mil pesos cada uno, un buen trabajo de esos artículos no debería costar más de dos cientos pesos por unidad pero órdenes eran órdenes.

¿Quién le iba a decir algo? si nadie tenía la curiosidad ni la intención de indagar en esos gastos, dinero había, por lo menos en ese momento.

En las distintas áreas de la empresa se relajaban notoriamente las actividades cotidianas y se hacían nombramientos absurdos, sin modificar la estructura y mucho menos los impactos en la gestión, únicamente en el nombre del puesto con un relativo aumento de salario, digamos que proporcional a su connotación.

Todo lo anterior, para tratar de responsabilizar más a la gente, para estimular el sentido de pertenencia y tratar de dar mejores resultados, mejores negociaciones, mejores promociones y prácticas, pero en muchos, lo único estimulado era su propio ego y su arrogancia que enaltecía su incapacidad con argumentos burdos en cada negociación con sus proveedores.

Nunca se dieron cuenta que la gestión en la parte alta del organigrama estaba pasmada, estancada, muy cómoda, en exceso relajada y sin intención de mejorar los procesos y actividades.

13. La estrategia promocional.

Como es normal en cada compañía de venta minorista, se busca aprovechar el calendario de la mejor manera posible para incrementar ventas, diferenciarse del mercado, de su competencia directa y ofrecer valor agregado a los clientes para provocar fidelidad en cada cliente ganado.

Con el fin de incentivar las ventas y mover inventario más rápido, la empresa anunció su campaña "Gran Venta Azul" o también llamado internamente "*Arm Stretcher*" en 2012, la cual consistía en ofrecer descuentos desde 15% (que con excepción de cómputo no es relevante) hasta 50% de descuento, además de promociones con tarjetas de crédito y bonos en tienda, a partir de ese año, este evento se realizaría ¡¡cinco veces al año!! en febrero, mayo, junio, agosto y septiembre.

Las promociones financieras corrían a cargo del banco Banamex con quien se hizo la tarjeta propia y en cada venta especial otorgaba $100.00 M.N. por cada mil de compra en cupones para comprar más, es decir, 10% en cupones, siempre la misma promoción, siempre.

Además, había como todo el mundo, o la gran mayoría los siguientes eventos:

- Venta de básicos o back to basics — enero.
- San Valentín — febrero.
- Semana santa — marzo y abril.
- Venta de madres — mayo.
- Venta de padres — junio.
- Vacaciones de verano — julio.
- Regreso a clases o back to school — agosto.
- Venta patria — septiembre.
- Puente del día de la raza — octubre.
- El buen fin y Black Friday — noviembre.
- Navidad — diciembre.

El medio para estas fechas promocionales llamadas "regulares" era un folleto que ellos llamaban "*insert*", una herramienta de venta muy bien impresa, sólo al principio los primeros años; La frecuencia era quincenal desde la primera tienda, Mundo E, y con el paso del tiempo se volvió únicamente basura en las calles porque perdió el interés de la gente, siempre era lo mismo, ya no se revisaba previo a impresión exhaustivamente como en un inicio y esto derivaba en promociones medianitas o muy generales, errores de impresión, reiteración de la misma promoción, etcétera.

Un ejemplo de promoción: "20% de descuento en memorias USB" y aparecían 2 fotos en un espacio de 4 x 4 cms.

Para empezar, ¿eso era una promoción, o relleno? ¿desde qué precio? ¿qué marcas tienes? ¿qué capacidades? No decía nada la promoción y como esa promoción, había por lo menos diez muy parecidas en cada folleto, en cada impresión. Ya no te sentías motivado a visitar la tienda.

Muchas veces, se anunciaban productos que simplemente no llegaban a tienda, en otras empresas, se responsabiliza directamente al área de compras porque ellos firman la impresión final, y si firmas algo que no llega a tienda o no está disponible, es suficiente motivo para rescindir del contrato laboral, a la primera, pero aquí bastaba con enviar una "fe de erratas" para que en tienda dijeran que por el momento no había disponibilidad, no pasaba nada.

¿Dónde estaba la autoridad de la dirección de compras?

¿Y la exigencia de mercadotecnia para tener impacto?

La innovación, la inventiva, las exclusividades y los diferenciadores se habían terminado. No quiero decir con esto que todo estaba mal, había gente muy talentosa en todas las áreas, con buenas ideas y con la mejor intención de hacer bien y notorio su trabajo, pero sin liderazgo, sin exigencia, sin retos, sin cambios, sin mejora constante, generalmente predomina la apatía y se van apagando los talentos, en consecuencia, las buenas ideas originales también habían desaparecido.

Pero no sólo Best Buy estaba estancado en este tema promocional, hasta la edición de este libro las cadenas más importantes del país siguen haciendo exactamente lo mismo, estancados en opciones, sin diferencia, sin tantito esfuerzo. ¿Qué ofrecen siempre? Algunos ejemplos serán suficientes, a ver si les suena…

La Comer – La temporada Naranja, ahora empieza desde junio y acaba a principios de agosto, anteriormente sólo era durante el mes de julio, antes de que vendieran los derechos de "Julio Regalado" a Soriana. Nunca salen del 3X2, $300 por cada mil (que es lo mismo, pero en menor volumen), 30% de descuento en "X", entre las más repetidas.

Durante décadas la cadena mexicana de tiendas de autoservicio se diferenció de las demás con la espectacular promoción de "Julio Regalado" que tenía vigencia exclusivamente en el mes de julio, era muy esperada y hacía temblar a su competencia porque era tan buena que como cliente te hacían regresar a la tienda prácticamente cada dos días para aprovechar las promociones porque sabías perfecto que difícilmente se repetirían.

Soriana – Julio Regalado, la misma historia, mismo periodo, pero limitado a sólo unas marcas y en tiendas participantes, es decir, la promoción original pero degradada y si tienes suerte llegas a la tienda donde si aplica.

Sears – Venta Especial, hasta 50% de descuento + 15% con tu crédito revolvente o 50% de descuento + 20 meses sin intereses, siempre lo mismo, sobre todo en las categorías que pueden ser un gancho para sus categorías destino que es la ropa, servicios para el hogar y anexas.

Liverpool – Venta Nocturna, hasta 50% de descuento con 18 meses sin intereses y 15% en monedero, aplica en toda la tienda excepto en departamento de diseñadores, pero de ahí, ya no pasan, lo peor es que antes había dos ventas nocturnas en todo el año, verano y prenavideña, las rebajas de cambio de temporada eran distintas pero efectivas. Ahora puede haber una o más ventas nocturnas ¡cada trimestre! (Q).

Radio Shack – 10% de descuento "todo el año, siempre", en todo. De vez en cuando alguna venta especial con descuentos porcentuales tradicionales, pero nada excepcional. Posiblemente la renegociación de contratos, el replanteamiento promocional y retomar el enfoque podrían convertirla en la tienda con mejor precio y ser tienda destino en algunas categorías, como cuando nació la cadena en México en 1992.

Algunas otras cadenas tratan de innovar de vez en cuando en sus promociones y temporadas, algunos paquetes, venta nocturna de regreso a clases (no cada bimestre), algunos regalos, bundles, pero hay intentos interesantes.

Sodimac por ejemplo, no tiene ventas especiales, prefiere manejar precios bajos, casi siempre, no le entra al Buen Fin, no infla precios para dar descuentazos y eso es muy plausible.

14. El libertinaje laboral.

La cultura de inclusión, no discriminación, el factor del desarrollo humano y el asociado como el activo más importante eran el estandarte de Best Buy México como compañía. Te hacían sentir orgulloso y parte de la empresa sin duda. Dieron al inicio muchas presentaciones sobre la historia y testimonios de infinidad de gente que trabajaba en diferentes tiendas y todas muy orgullosas de ser "blue shirt".

Hablando de las prestaciones en Best Buy como empleado eran muy buenas, al principio estaban algo limitadas, pero, aun así, eran superiores a las de la ley y en los primeros dos años se mejoraron mucho más.

Entre otros beneficios, se hicieron varias rutas por la ciudad para transporte de personal, sin duda una prestación de excelencia que va más allá del servicio porque contribuyes como empresa a evitar el tráfico en una ciudad caótica como la ciudad de México, se produce menos contaminación, se generan empleos, por ejemplo, trabajo para choferes, operadores, supervisores y más, aparte generas mayor compromiso del empleado, entre los más importantes.

Pero había otro tipo de prestaciones no escritas en el contrato que después de varios años en la compañía tenías acceso por ejemplo a "permisos ilimitados para otros asuntos". Los permisos se volvían un "*modus vivendi*" entre jefes y subordinados.

Tuve varias conversaciones con excompañeros en 2018 que me decían lo felices que eran por poder salir a las 2:00 PM varios días de la semana para ir por los hijos a la escuela y trabajar desde casa si no era posible regresar, que no era posible nunca, una prestación que ni en Alemania dan, un lujo.

Otros me comentaban la flexibilidad de dirección para atender distintos pendientes desde la comodidad del hogar una o dos veces por semana. Entre semana podías tener de dos a tres horas para comer y si el viernes querías desaparecer al medio día, era algo completamente normal.

El jefe a cargo de marcas privadas, por ejemplo, en las primeras oficinas en 2010, después de la hora de comida en su computadora veía series o películas, generalmente de comedia por una o dos horas sin contemplaciones y sin problemas, nadie decía nada, nos dábamos cuenta que eran series o películas de comedia porque las carcajadas se escuchaban en todos lados.

En otra ocasión, después de haber notado un exceso en este tipo de sucesos y comportamientos, junto con un amigo, contamos las faltas y permisos que una compañera tuvo durante un año calendario, marcado en agenda convencional, desde enero a diciembre del 2010. Los resultados parecerían sorprendentes para cualquier jefe sensato que estaría preocupado por el desempeño de las personas a su cargo. Se acumularon 62 faltas y 34 retardos, considerando como retardo llegar después de medio día o después de la hora de comida, documentados, es decir, más de un tercio del año laboral. ¿Consecuencias? Ninguna.

Sinceramente no había ningún tipo de exigencia ni consecuencias por algún tipo de abuso en ese rubro. Ya no había disciplina, Juan en la dirección comercial y de compras podía ser excelente persona, buen vecino, el mejor amigo, en la fiesta el mejor aliado, pero como figura de autoridad y de liderazgo dejaba mucho que desear, cualquiera podía mangonearlo a modo.

Cuando tenías un problema serio con algún proveedor o alguna negociación se estancaba y buscabas la ayuda de Juan o simplemente querías un punto de vista, éste se tomaba con las dos manos el cabello al puro estilo de Luis Miguel y decía "fuck", y ya.

Mientras caminaba para alejarse, a paso veloz obviamente, hacía una ligera pausa, volteaba y te decía: "búscame al rato y vemos que show no…." Cuando podías hablar con él nuevamente, después de tres días de evasión, bien o mal ya lo habías resuelto tú mismo.

Así pasó mucho tiempo desde esos cambios drásticos en la organización y el organigrama y sinceramente una cosa es trabajar en Google USA y otra muy diferente trabajar en Best Buy México, había presión pero yo la llamaría, presión escolar, si no pasas, no problema, habrá más oportunidades y hasta exámenes extemporáneos podrías presentar para ponerte a mano, pero una cosa es una calificación y otra las utilidades que necesita la empresa para subsistir, el tiempo dedicado, la disciplina, los ejemplos de liderazgo, los retos, cambios para ajustar para mejorar. Aquí se perdió todo en un lapso de 4 años del 2011 al 2015.

Dicen por ahí, que "La lealtad en la piedra angular del liderazgo", pero aquí no había nada de eso, ni una, ni otra. Los responsables de emitirla no tenían esa capacidad.

Para el 2016 en las áreas comerciales de otras cadenas y para muchos proveedores Best Buy México era conocido como:

- Kinder Buy
- Best Day
- Play Buy
- Centro vacacional
- Kinder Land, etc.

Se había perdido ese respeto, la competencia ya no estaba atenta a Best Buy, ya no era relevante porque había perdido el enfoque primordial, la esencia de la cadena que era la INNOVACIÓN, los precios, en su gran mayoría, ya eran igual a todos y en muchos casos más caros, lo peor de todo, SIN reacción de igualación, ni el mínimo esfuerzo, todo derivado de esa multi dirección comercial que no llevaría a buen final, si no al que ya todos conocemos.

Caes en un libertinaje laboral cuando cualquier empleado de cualquier nivel jerárquico actúa de manera ventajosa durante el horario laboral para hacer actividades ajenas a la responsabilidad plasmada en la descripción de puesto que exige y espera la corporación, sin consecuencia alguna.

Esto también mermó en el desempeño y el desarrollo de la cadena notablemente al exterior, sobre todo internamente, seguían luchando por ser autosuficientes para librarse del subsidio americano. Sabían perfecto que había gastos de renta sobrepasaban las ventas, pero en lugar de ajustar prefirieron abrir desde 2012 las tiendas pequeñas, que comentamos anteriormente, Best Buy Express, un concepto que se enfocaba principalmente en movilidad (celulares y accesorios) y productos fáciles de llevar, GPS, baterías, cámaras, entretenimiento, como videojuegos, reproductores MP3, todo tipo de accesorios, software y por supuesto, tabletas y laptops.

Todos estos esfuerzos fallidos eran intentos desesperados por lograr la autonomía financiera, el concepto era bueno hasta que se comenzaron a ver en esas tiendas pequeñas, señales de desesperación, señales de hartazgo y una pérdida total de la estrategia entre "Big Box" y "Ready to go". Era una mezcolanza terrible de mercancías que no tenían nada que ver con el tema "express" o "mobile".

Una cosa es meter tiendas con estrategia de movilidad y otra muy diferente hacer una tienda normal "mini", es decir, métele de todo un poco, a ver que pasa…

Si era "*express*", es decir, con enfoque "*pick and go*" o "toma y lleva" o "fácil y rápido" ¿por qué había pantallas? Ya no había enfoque tampoco en eso, para muestra un botón...

Se presumían expertos en estrategia, precios, enfoque, exhibición y tecnología, pero no hubo nadie que los bajara de su nube y enderezara las cosas, todo mundo estaba en libertinaje, relajados, confiados y consentidos, dormidos.

15. El estancamiento y efectos en el mercado.

Tuve la oportunidad de trabajar por mi cuenta desde 2015 hasta 2019 como KAM (Key Account Manager) para una empresa comercializadora con base en Monterrey N.L.; me encargaría de abrir las cuentas retail en el centro del país, tuve contacto con muchos colegas de varias marcas y distribuidores, además, contaba con la experiencia que adquirí en compras por más de 15 años en ese momento, esto me facilitaba la tarea de llegar con el comprador y entender sus necesidades, anticiparme a las preguntas clásicas del puesto y facilidad para la negociación y cierre de contratos de condiciones comerciales. Conocer los dos lados de la sartén nutre mucho, se los garantizo.

Logre abrir cuentas con varias cadenas, obviamente Best Buy era una opción que tenía que buscar y venderles. Tuve gratas experiencias con los compradores a cargo, tuve la suerte de trabajar con personas muy profesionales, con sensatez, que sabían decir "si" y dar seguimiento para hacer realidad lo negociado previamente, pero más importante es que sabían decir "no" y la razón, con claridad como debe ser un comprador profesional, en contraparte, en todos lados hay compradores que sólo dan largas, dicen a todo "si" pero nunca dicen "cuando", no contestan un solo correo, ninguna llamada, pero cuando tienen un problema el único culpable es el proveedor, ahí SÍ hay exigencias, amenazas, solicitan respuestas inmediatas y hasta gritos dan. Después de dos años de trabajar bien, con crecimientos sostenidos y buen porvenir…… cambio de comprador y de subdirección, este último, no por mérito si no por antigüedad.

Cuando eres bueno sólo para seguir órdenes y asciendes, seguramente aparecerán problemas pronto y te volverás propenso a defraudar a tus superiores. Algo te sirvió para llegar, pero lo mismo no te servirá para mantener el nuevo puesto.

Inexplicablemente, la compradora nueva decidió dar de baja dos de los cuatro modelos que manejábamos con la cadena en la categoría de Cuidado Personal, además solicitaba la devolución del artículo, sin razón alguna, sin revisión previa, unilateralmente y sin respuesta por teléfono ni correo electrónico.

Cuando finalmente contestó un correo argumentó que se había hecho una revisión con la nueva encargada del "*domain*" y que se había decidido dar de baja varios artículos, solicite que me dieran la oportunidad de conocer sus conclusiones para entender la situación y poder ayudar como siempre lo habíamos hecho, pero no hubo respuesta por lo que decidí revisar por mi cuenta los reportes de un año a la fecha, inventarios, exhibición en todos los puntos de venta que pudiese visitar, nivel de precios y competencia directa en el anaquel, todo a mi alcance para poder entender tal decisión y para poder determinar alguna causa.

Después de 2 semanas pude llegar a la conclusión de que se habían dado de alta dos precios "*OPP*" "*Open Price Point*", es decir, precios de entrada, primer precio o como le quieran llamar, eso provocó que su primer nivel de precio sufriera un efecto caníbal (canibalización de producto), es decir, estaban compitiendo entre ellos sin motivo y los precios del siguiente nivel se habían frenado por obvias razones.

Generalmente un comprador sin experiencia piensa y asume que si mete productos más económicos seguramente venderá más, pero no siempre es así, hay mucho más de fondo que analizar, necesitan la supervisión, conocimiento, experiencia y sobre todo la asesoría de un superior para encausar la estrategia comercial para evitar esos errores, aquí ya no había nada de eso.

¿Dónde estaba Juan Aveces?

Como efecto inmediato, después de tomar este tipo de decisiones arbitrarias y perdón, pero a lo pendejo, verás en poco tiempo que las unidades suben pero que los ingresos en pesos bajan drásticamente y sin una revisión a fondo pensarías a simple vista que las marcas están vendiendo menos, por lo menos eso te dirían en una juntita de revisión de resultados, pero no es así, el margen también se verá afectado porque el nivel de precios OPP es para reportar un margen relativamente más bajo que el resto de los niveles que componen la categoría, sólo y únicamente por estrategia, es su naturaleza, ser gancho.

Trate de explicar esto a la compradora y al parecer le hacía sentido, pero tenía la tajante y absurda instrucción de su superior directo de retirar del piso de venta.

Los siguientes correos fueron copiados a su superior directo, recién encargada del *"domain"*, y después de unas semanas de insistir finalmente reconocieron que se habían equivocado, para este momento, llevábamos cuatro meses de venta perdida, como proveedor teníamos un cambio de imagen con nuevos empaques, más atractivos, con iconografía, más fáciles de entender sin leer y finalmente se pudo retomar el negocio, pero con los efectos devastadores de los meses anteriores que habían perjudicado a todos, tienda, marca, proveedor, imagen del anaquel y por supuesto Best Buy Mx. Como este caso había muchísimos más con otros proveedores y marcas, compradores que no contestaban llamadas, ningún tipo de correos, incluso si eran propuestas en exclusiva, lanzamientos, etcétera, no contestaban nada.

¿Quién era el único responsable de estar al tanto de estos ajustes y análisis, de la toma de decisiones y de su ejecución con estrategia comercial?

¡El director de compras! de Juan, pero nunca se metió en esos temas, primero porque no entendía de todo, casi de nada y segunda porque estaba al mismo tiempo en todo y en nada, por eso la descomposición paulatina y permanente de muchas categorías en todas las divisiones.

Los análisis de categoría que se deberían hacer por lo menos semestralmente para buscar la rentabilidad y la mejora continua del desempeño en piso de venta, ya no se hacía de forma supervisada y al detalle, quedaba a la suerte de quien podía hacerlo por iniciativa propia y generalmente con malas conclusiones y decisiones como en el ejemplo.

Era lamentable ver como se había perdido el sentido comercial en una cadena de tiendas tan importante, pareciera como si el dinero fuese un recurso inagotable proveniente de Estados Unidos de América para solapar los errores, dejarlos pasar sin consecuencia alguna. Era como una "universidad retail" donde no importa cuantos errores tengas, no importa que no aprendas, no importa que faltes, no importa que no sepas, tampoco que no aprendas, no importa que falte producto, no importa que los números vayan mal, no importa que las tiendas estén al borde del colapso, no importa que no vendas por internet, no importa que los proyectos de vanguardia sigan estancados, no importa que no entiendas cómo funciona afuera, no importa NADA, otro ejemplo…

16. Marketplace.

Una de las estrategias que podrían sumar a las ventas, era manejar un catálogo extendido, abriendo la puerta a los proveedores, incluso los que no vendían en piso de venta por medio del Marketplace que varias compañías sumaban a su estrategia comercial con dos objetivos primordiales:

1. Incrementar la oferta comercial sin cargar inventarios, es decir, robustecer su catálogo de productos, su oferta comercial.
2. Tener ingresos adicionales con un precio estable, relativamente bajo y enviar a domicilio, bajo la comodidad del *.com* sin complicaciones.

Tenía que funcionar, era algo que en teoría sonaba fácil de implementar, los proveedores ya estaban, las marcas buscaban todo el tiempo tener presencia y hasta los que no estaban dados de alta para ser proveedor en piso tenían la oportunidad de sumarse al proyecto. Sólo que había un obstáculo en este reto, un tope que ellos mismos se ponían, la persona a cargo del proyecto era nada más y nada menos que Ludovico Ramirez, otra vez.

Las cosas no podían estar peor pero la gratitud que Silvio le debía a Ludovico era interminable y lo nombraba líder de aquel salvavidas llamado Marketplace.

La visión de Ludovico se limitaba a la experiencia profesional más reciente en la tienda de los "pagos chiquitos para pagar de por vida" donde es común y una práctica regular pisotear al proveedor y sacarle hasta los ojos para darle al número, pocos subsisten en este sistema.

Una diferencia primordial en un esquema de Marketplace es que no forma parte de las condiciones comerciales regulares en un esquema tradicional de ventas retail, es decir, las condiciones comerciales cambian drásticamente a la baja por la sencilla y simple razón de que no cargas con inventarios, no exhibes directamente en piso de venta y no cuentas con un compromiso de pago (plazo de pago forzoso) y se entrega o se envía únicamente lo vendido. El cliente elige desde tu web, el o los artículos en los que está interesado, la orden de pedido sale a los proveedores involucrados y desde su ubicación envían por guía prepagada la mercancía al cliente. Otros optan por destinar una parte sus mercancías al almacén central del Marketplace a consignación para hacerle frente a los pedidos de forma más ágil y concentrar los pedidos desde un mismo origen.

Todas las cadenas con intención de hacer exitoso el negocio de Marketplace saben que no habrá grandes márgenes, que serán acreedores a una comisión, pero si lo visualizas por el volumen de transacciones entonces el ingreso puede ser muy considerable.

En Best Buy México vieron esta variante de negocio como una oportunidad más de aplastar al proveedor por pequeño que fuese, pidiéndole **ADICIONAL** al contrato de condiciones comerciales **10% más** de comisión por participar en Marketplace, algo increíblemente absurdo e inoperante.

¿Pero en qué cabeza cabe esa idea irracional?

¿Dónde estaba el sentido comercial y la estrategia de venta omnicanal?

En ese momento ya no era una estrategia, era una "Reacción desesperada a la supervivencia" y con una ignorancia total del funcionamiento del mercado comandada por Ludovico, nadie pudo hacerlo entrar en razón.

La burbuja en la que vivían los responsables de los proyectos de magnitud como Marketplace no los dejaba ver más allá de lo que creían "bueno para el negocio" había que sacar recursos, pero no era la forma ni el medio.

Necesitaban orientación del exterior, pero eso implicaba perder el reflector con el que contaba Ludovico y eso no era negociable, o lo hacía él o no lo hacía nadie.

17. Caída Libre.

Era Inevitable que los números, la estabilidad y la imagen de la empresa se fuesen a pique con estos antecedentes y la cadena de errores sin enmienda.

Entre 2015 y 2016 el centro comercial Mundo E, donde se había inaugurado la primera tienda de Best Buy tendría una remodelación importante después de 18 años de abrir al público, la remodelación tendría como principal atractivo tiendas nuevas de ropa, mejores marcas, mejores restaurantes, amenidades de uso mixto, entre otros y Best Buy aprovecharía para reducir en gran medida el piso de venta, seguiría siendo de dos pisos, pero con mejor distribución y espacios reducidos buscando la tan ansiada rentabilidad.

Para 2019 la afamada, pero ya muy mermada cadena estadounidense, buscó en el mercado mexicano, quien absorbiera su operación en México, entre algunos otros, tocaron puerta en la cadena departamental que "es parte de tu vida", quien tenía poco de haber adquirido su propio problema, la cadena de tiendas Suburbia y debido a eso negó esa posibilidad.

La negativa de los rosas era además de sensata, tajante con un retail que durante años hizo las cosas mal, ellos sabían hacerlo bien, ¿por qué adquirir otro problema?

Era curioso, pero, fue la única cadena (la del puerto) que no había reaccionado a la inminente "fuga de talento", al menos en ese periodo inmediato del 2020 al 2021, ¿por qué? ¿qué sabían? Aparte de la dudosa salida de su pupilo Juan, algo estaba mal y ellos tenían conocimiento o simplemente seguirían con su plan de expansión sin mirar a los lados, como lo han hecho por décadas.

No quedaba mucho tiempo y solo quedaba cerrar la llave paulatinamente de las compras para reducir el flujo de entrada de mercancía "de la que sí se vendía" y de todo lo demás cerrar la llave definitivamente.

Sólo por citar un ejemplo de reacción, ¿hubiera sido prudente pensar en un proceso Lean Six Sigma entre 2014 y 2016 para evitar el despilfarro y corregir el rumbo en tiempo y forma? Nunca lo sabremos, pero estoy seguro de que hubiera salido buena cantidad de procesos por corregir para el rescate de la calidad, evitar defectos y la búsqueda inmediata del flujo de la cadena de valor y como resultado, la rentabilidad. Prefirieron la confianza en las proyecciones de Ludovico y la parálisis que se produjo por el exceso de análisis.

El liderazgo que alguna vez caracterizó a la empresa sobre fomentar la mentalidad y actitud del personal, confirmar que, todos los empleados eran capaces y realizar el trabajo mediante la evaluación y de asegurarse de que se contaban con habilidades de innovación y servicio interno y externo se habían perdido. No había parámetros de medición exigentes y se premiaba lo regularmente hecho. Entender los proyectos como un medio para alcanzar los objetivos era primordial pero aquí los proyectos nacían podridos, como el Marketplace, por ejemplo.

La dirección de la empresa no logró adaptarse nunca al mercado del comercio electrónico o e-commerce, este retraso en la excesiva planeación pasmó este negocio tan importante, mientras Walmart principalmente, Mercado Libre y Amazon México acaparaban sin miramientos, rezagando su ventaja comercial *"test and try"*, se habían quedado dormidos esperando que el nombre y la reputación los salvara del fracaso, la variedad de productos en piso ya era limitada, más que sus principales competidores departamentales y precios menos competitivos, tanto en tiendas físicas como en el ramo del e-commerce. Podías hacer comparativos de precios en los principales buscadores y por semanas veías los mismos precios, caros, contra competencia, sin reacción, sin ajustar, sin pelear por el mejor precio, justo en el momento en el que el consumidor final revisa diez opciones en la web antes de tomar una decisión de compra. Best Buy ya no competía en el mercado mexicano.

Para finales de 2019, ya habían cerrado 8 de sus 49 sucursales en México, éste hecho, su nula competitividad y la obsolescencia del e-commerce y Marketplace comparada con su competencia directa, finalmente orilló al comité de Minneapolis, EUA a tener que planificar para anunciar su cierre definitivo.

Por parte de los proveedores, había quien dependía de Best Buy para sostener operaciones, otros, sólo buscaban tener presencia en el piso de venta, algunos otros sólo querían estar, pero no entraban y muchos más les daba lo mismo estar o no estar al final la competencia representaba el 70% de sus ventas en promedio.

Cabe destacar que con el número de tiendas que tenía Best Buy en muchas categorías vendía mucho más que las grandes cadenas departamentales o especializadas, por ejemplo, discos duros, computadoras especializadas, drones, wearables, cámaras réflex, entre otros. Eso se iba a extrañar con su salida, además era destacable lo bien que se expresaban los proveedores en referencia al pago de sus facturas, Best Buy nunca dejó de pagar a sus proveedores y pagaba en tiempo y forma. La mayoría de las cadenas retail en México, tardan en pagar, siempre hay un desface en los pagos de entre 15 o 30 días adicionales al plazo de pago negociado y frecuentemente aparecen descuentos no autorizados, las aclaraciones son cosa de todos los días entre cuentas por cobrar vs cuentas por pagar.

La pandemia era el pretexto perfecto para anunciar la salida, si bien, tampoco ayudó el gobierno entrante de López Obrador con su política interna deleznable y al exterior una política con poca certidumbre para la atracción de inversión, la única realidad era que en Best Buy México habían cavado su propia tumba por mucho tiempo de antelación con sus acciones y escasa efectividad.

¿Dónde estuvo todo ese tiempo el CEO de la cadena minorista? Cuando más lo necesitaba la cadena en México, es decir, entre 2015 y 2019 cuando estaban vigentes Hubert Joly desde 2012 y Corie Barry desde 2019, no se daban cuenta de la decadencia en sus operaciones en México, estoy seguro de que estaban más ocupados en rescatar el barco en EUA, también tenían sus problemas y seguían perdiendo terreno en todo el país, pero no hubo un emisario para evaluar el caos en México, ¿por qué? y si lo hubo, pues apúntenle otro fracaso.

Era bien sabido que también allá arriba, en EUA, tenían su buen desmadre entre chismes e investigaciones de conflicto de intereses y muchas más, posiblemente ni cuenta se dieron que día con día bajaban la cortina con sigilo en México.

Ellos también cerraban tiendas poco a poco, la publicidad había desaparecido de los principales medios y en los pisos de venta no pasaba nada espectacular.

18. Mi experiencia en el retail mexicano y algunos estilos.

Algo he aprendido en 20 años de trabajar retail en México hasta esta edición, mucho, yo diría muchísimo. Comencé mi carrera en retail en el 2000, gracias a un amigo que me consiguió una entrevista para el área de Telemarketing para OfficeMax, no sería mi primer trabajo formal, pero sería el cambio que me enamoró de esta industria. Me entrevistó alguien de esa área, pero para mi sorpresa llegó la encargada de RH y me comentó que sería bueno, por lo que estaba estudiando (administración de empresas), tener una entrevista con el área de compras, específicamente en resurtido y que sería al siguiente día... Una vez ahí, con el mismo traje, la misma corbata y con la camisa recién lavada porque era la única que tenía, me entrevisté con el señor que considero uno de mis maestros, el Sr. Javier Valero. Era, en ese momento, serio y muy tajante, me ponía problemas hablados como estos ejemplos:

1. Considera que tengo un artículo que cuesta $12 y lo vendo en $29 al público, ¿cuál sería mi margen de utilidad y cuánto representa eso en pesos?

2. Si tengo 5 tiendas y vendo 90 piezas de mi mejor artículo, tomando en cuenta que mi exhibición máxima es de 12 por tienda… ¿cuánto debería resurtir hoy? Si he vendido 34 en total.

3. Mi proveedor tiene 60 días de plazo de pago, de su mejor producto vendo 300 unidades al mes, ¿cuánto debería pedir hoy al 15vo día del mes?

4. Del mismo producto anterior, vendo 3 veces más que cualquier mes común por temporada. El proveedor se tarda de 8 a 14 días para entregar y 8 días más en ser distribuida a todas las tiendas. ¿Cuánto debería pedir hoy? Toma como ejemplo que hoy es viernes de puente.

Ese fue su recibimiento, me dio una pluma, una hoja y una calculadora, es la prueba más estresante de mi vida. En cada de una de las preguntas, cuando mostraba mi respuesta, el número final, a mi criterio, su mirada era imparcial, no sabía si estaba bien o mal, solo decía "la siguiente…" Al final, sólo me dio la mano y cuando pregunte por las respuestas me dijo… "te marcará recursos humanos para las respuestas".

Mis abuelos maternos fueron parte de esa temporada de estudio y búsqueda de trabajo, pasaba a verlos casi diario antes de ir a la universidad y además ahí tenía mi teléfono de recados, yo vivía en un departamento en Atizapán de Zaragoza, Estado de México, OfficeMax tenía sus oficinas corporativas en la calle de San Nicolás en Tlalnepantla, Estado de México.

Después de 4 días me hablaron para formar parte del equipo de resurtido de OfficeMax, mi abuelo me dio la noticia, tenía que presentarme al lunes siguiente, llegué puntual a firmar y a agradecer a Javier por la confianza puesta en mi sin conocer nada de compras ni resurtido, sus palabras fueron secas: "estuviste bien solo olvidas detalles de horario y tiempo, pero aquí los aprenderás rápido, no te preocupes".

Con Javier podías hablar de cualquier tema, cualquier duda y tenía toda la paciencia para enseñar, daba la cara por sus subordinados y jamás exhibía a nadie, llegando a mi primer día de labores, repetimos el examen que me había hecho en mi entrevista y me explico los detalles de cada uno, paso a paso y con calculadora en mano, explicándome las debilidades del sistema y las incoherencias que te podía dictar a la hora de elaborar una orden de compra, algo que me ayudó a entender mejor el funcionamiento de mi área.

Ese mismo día sorprendentemente, y digo sorprendente porque para mi posición no era necesario, me pidieron pasar con el director de compras, únicamente para presentación, ahí conocería a mi gran maestro de carrera y de vida al que valoro, presumo ser su alumno y amigo, Manolo Fernández G.

Manolo era una persona exigente, con gran experiencia en el retail mexicano y en EUA, con la política de puertas abiertas siempre sinceramente era fácil tener acceso, pero sobre todo era una persona que enseñaba sin escatimar en repetir las cosas y explicarlas. Después de un programa que me puso como reto en el centro de distribución, regresé a las oficinas para encargarme interinamente del área de muebles, diario tenía juntas de actualización y algo que aprender, esta vez, cosas más alineadas de un comprador que de un resurtidor, por ejemplo: con calculadora en mano y nada más, ponía un ejemplo: "un proveedor me ofrece un artículo que me interesa tener en mis tiendas, lo vende en $55 (más IVA), a mí me interesa venderlo en $99 al público ganando 40% de margen. ¿Cuál es el descuento (%) que le debo pedir?"

En menos de 10 segundos me preguntaba "¿ya? y mientras él hacía otras cosas, yo trataba de entender hasta que finalmente daba la respuesta, después venia la explicación matemática y de razonamiento comercial que me ayudó siempre a no necesitar de fórmulas, laptops, tabletas o matrices pre formuladas para pedir lo que necesitaba en la mesa de negociación con cualquier proveedor, de cualquier categoría.

Manolo y Javier tenían algo en común como regla dorada, **la puntualidad**. Ambos te decían: "yo no tengo problema en que te vayas a tu hora (si no tienes pendientes), pero si la entrada es a las 7:30 am, a esa hora debes estar en tu lugar, no entrando…"

Anónimo.

Después de un tiempo de conocer la empresa y mucho aprender, en 2003 me hice comprador y pondría en práctica ese conocimiento.

Si Manolo te veía en la oficina horas después de tu hora de salida, no te decía nada, pero si se repetía constantemente, se acercaba y te decía: "¿qué haces aquí? si no puedes avísame y te ayudo a ver que hacemos o que cambiamos".

Un superior que tenía Manolo en Estados Unidos le dijo una ocasión que para tener el equilibrio perfecto en la vida debes tener 8 horas de trabajo, 8 horas de vida personal y 8 horas de sueño al día, algo que compartía con quien se dejara.

En la hora de comida, solía preguntar a dónde irían, si no empalmaban con sus compromisos de director, trataba de juntar a la mayor cantidad de personas para salir a comer y convivir, sólo había una regla, prohibido hablar de trabajo. Si llegabas a tener un regaño (en privado, sin exhibirte) era simplemente porque ya te lo habías ganado a pulso, no tenías escapatoria, simplemente reconocer, solucionar, aprender y no repetir, así de simple.

La cultura de los dueños de la cadena especializada en artículos de oficina era, hacer las cosas "fácil y rápido" para reaccionar al mercado de forma inmediata, juntas semanales, todos sabíamos los objetivos a corto y mediano plazo, cada tarea con fechas límite y una coordinación entre áreas con empatía y siempre con disposición de ayudarnos entre todos, siempre.

La planeación era increíble, yo entré a la cadena cuando había once tiendas y me fui después de abrir la tienda número ochenta y seis. Para no aburrir no quiero hacer más énfasis en detalles, solo recalcar lo mucho que aprendí ahí sin dejar de mencionar a más gente que haré en otra sección.

Dejé OfficeMax en 2008, conocí muchísima gente con la que mantengo comunicación, que me ayudaron a salir adelante, a ser mejor profesional y personalmente, marcaron mi vida y agradezco profundamente cada experiencia.

Continuaría el mismo año en Best Buy precisamente... después de lo que he explicado y lo que viene, en resumen, diré que fui uno de los que salió por esa falta de liderazgo que nunca volví a ver, la política de Best Buy pedía evaluaciones constantes y sinceramente no sé si a todos le hacían, pero a mí, no, un año sin evaluaciones, sin posibilidad de crecer, sin "*feed back*" con palabras al viento de los superiores y sinceramente ya no me gustaba estar ahí. Las evaluaciones sirven para definir metas, compartir experiencias, inducir a la buena convivencia e incluso para redefinir los objetivos, pero sin nada que decir, la apatía de Juan y Ludovico, mi adherencia a la idea de Best Buy, la lealtad y mi confianza se fueron al piso, finalmente conseguiría salir en febrero del 2013.

Llegué a Suburbia cuando era parte de Walmart de México y Centroamérica, había llegado al grupo más fuerte del retail en México como gerente comercial y de producto y mi misión era comenzar con un *"refresh"* para Suburbia, vicepresidencia me encargó darle un toque más departamental con una sección específica de electrónica que incluyera pantallas, tabletas, laptops, cámaras, accesorios y telefonía celular a nivel nacional. Era un trabajo de mucha investigación y desarrollo paulatino, la idea era muy buena en ese año, pero no se podía simplemente copiar lo que veías en cualquier lado, debías tener información del cliente objetivo, conocer las tiendas, la gestión operativa y su estilo, presupuestos, dispersión de producto, profundidad de surtido, etcétera, etcétera, etcétera, porque este proyecto necesitaba ser serio, firme y con mucha responsabilidad.

Uno de los obstáculos que salieron en el camino era el propio sistema, para dar de alta un equipo celular, por ejemplo, todo lo necesario como descripción, modelo, UPC, color, dimensiones, peso, etc. Pero también tenía que ponerle sexo, talla, color, estilo, lote y más, es decir, el sistema evidentemente no estaba pensado para vender otra cosa que no fuese ropa. Para poner una orden de compra, era cien por ciento manual, tienda por tienda y modelo por modelo, eso tardaba aproximadamente 4 días, y después de enviarla al proveedor obviamente ya no había el mismo disponible.

Un ejemplo claro, para hacer un resurtido que cubra 30 días, se solicitaron a Telcel 800 modelos de diferentes marcas, modelos y niveles de precio. Telcel mueve los inventarios al que lo demande más rápido, si me tardo cuatro días en promedio para hacer mi orden de compra, significa que alguien más habrá solicitado parte de mi inventario en esos tres días anteriores, por lo tanto, únicamente tendré 200 o 300 disponibles para cubrir mi demanda, sin considerar que posiblemente me entregue Telcel entre 10 y 20% menos por los ajustes de su sistema, al final, sólo recibiría de 180 a 260 unidades aproximadamente de los 800 solicitados originalmente. Esto provocará huecos, bajo nivel de ventas y malas experiencial al cliente entre otras dificultades colaterales. Necesitábamos cambiar eso si pretendíamos ser eficientes y deseábamos que este cambio se diera exitoso.

Solicitamos al departamento de encargado un ajuste en el sistema para poder capturar las órdenes de compra en menos de dos minutos, basados en un Excel máster para facilitar a todos la tarea. Este cambio tardó un año, mientras tanto, involucrando a operaciones principalmente, contraloría, proveedores, marcas y carriers, se hicieron guías de operaciones, protocolos de recibo, control de mermas, limpieza de inventarios, capacitaciones, diseño y fabricación de mobiliario, pruebas de alarmas, ubicaciones en tienda, guía de *"lay out"*, pruebas y todo lo necesario para migrar de la mejor manera.

Durante ese tiempo, me encontraba en tiendas gerentes y personal con más de 25 años o más de trabajar en la cadena, con una política de "al cliente lo que pida" y "aceptamos hasta llantas".

Tuve algunos casos en los que se recibieron equipos celulares como devolución, de más de 3 años de uso, sin ticket, con el argumento absurdo de: "te voy a comprar otro". Claramente la cadena estaba perdiendo dinero y a la vez, incrementando el inventario obsoleto GRATIS. Cuando propuse cambiar la manera de operar tecnología hubo votos a favor y muchos otros en contra simplemente porque el miedo al cambio se apoderaba de su compromiso de servir al cliente y hacer llanamente lo que el cliente pedía. Al final pudimos lograrlo, mostrando empatía y sobre todo sentido común con algunos ejemplos sarcásticos pero efectivos.

No era sólo en tiendas donde encontrábamos ideas revolucionarias (de la época de la revolución), también en las oficinas, pero fue sorprendente verlo en el jefe directo, Israel Robledo, me comentaba que él entendía de tecnología perfecto porque años atrás (más de 20) había comprado Walkman y le había tocado el lanzamiento del Compact Disc, más adelante el DVD y así varios ejemplos.

Valoraba sus comentarios, experiencia y su confianza, pero con todo respeto, él no sabía que la tecnología en ese momento (2013) y hoy más que nunca, es un perecedero, debes actualizarte constantemente para entenderle, cambia con una velocidad vertiginosa y si compras mal, se pudre, así de simple te lo quedas y en poco tiempo se vuelve un problema serio. Fue desde mi primer día cuando Israel me dejó con el ojo cuadrado diciéndome lo siguiente: "mira Fer, aquí es muy difícil que la gente se vaya, puedes hacer sólo lo necesario y además regarla mil veces y no te van a correr, sólo déjate llevar y todo tranquilo"

Tuve un compañero de trabajo al inicio de mi carrera en esta industria, que decía que existía "la cuarta ley de Newton" que decía: "Todo lo que se arrastra, tiene que subir" pues Israel aplicaba al pie de la letra y al son que le tocaran.

Sinceramente no era la expectativa con la que yo llegaba, sabía del tamaño de la empresa y quería crecer con ella, ganarme el puesto y no merecerlo por antigüedad o porque no hay a quien poner o porque me llevo bien con todos o "porque me dejo llevar" hubiera deseado mejor comienzo.

Lidiar con esa mentalidad y con cuestionamientos de talla, estilo y temporada para conseguir presupuesto era complicado hasta que llegó como directora Ana F. Arguello, sustituyendo al director en retiro que había servido a la empresa desde sus inicios, Ana era una persona con ideas frescas, actualizada, con una disposición y empuje que me ilusionaba, sin embargo, la dirección de reporte hacia ella seguiría teniendo en línea ascendente a Israel, al que tenía que explicarle cada semana cómo funcionaba la tecnología y telefonía, repetir lo mismo cada reunión se volvía monótono hasta el hartazgo, con Ana había luz porque entendía todo y lo más importante, a la primera.

Hubo mucho avance, mejoraban las ventas, la obsolescencia prácticamente desaparecía de las tiendas, los procesos maduraban, los proveedores se comprometían más, se renovaban mobiliarios, los promotores por marca permanecían por más tiempo y todo parecería tener mejor destino hasta que una mejor oferta convencería a Ana de dejar Suburbia, quedando a cargo el director adjunto, de ropa, Roal Río quien quedaría a cargo también de la tecnología y nuevamente a merced de la ignorancia de Israel.

Roal exigía en cada compra un análisis profundo de cada producto, no importa si eran lanzamientos, si eran ofertas, es decir, lo mismo que Israel pero más complicado, tedioso y lento.

Cada semana se tocaban los puntos que necesitábamos ajustar para tener un presupuesto acorde a las demandas del mercado, pero las mermas y los inventarios obsoletos en cada tienda por malos manejos, por negligencia o simplemente por desconocimiento del personal desde 2010 al 2013 nos comían casi 35% del disponible. Era evidente que la tienda tenía que absorber su merma y tenía que hacer ajustes paulatinos para no ver dañado su bono y sus resultados mensuales pero la gran mayoría nunca hizo un solo ajuste.

Estábamos frenados, estancados por falta de operatividad y por cuidar en demasía a los gerentes, al final, responsables de su unidad de negocio y su operación, era imposible negociar con el proveedor toda esa merma porque eran equipos celulares con más de 4 años de antigüedad, aun así, con proveedores de accesorios se negociaron devoluciones por más de quince millones de pesos.

Israel, en sus juntas de dirección, tenía, en teoría, la obligación de presentar estos números para que las tiendas hicieran lo correcto, era simplemente exponer una situación que, en ese momento, detenía el desarrollo de un detonador de tráfico a las tiendas como la telefonía celular.

Se había logrado mucho en casi dos años, veintiséis tiendas con tecnología multi categorías, otras ochenta con módulos de oportunidad de electrónica y migración nacional de telefonía celular que la llevaron del lugar 13 nacional al lugar 7 según datos de Radiomovil Dipsa (Telcel), sólo era cuestión de ajustar ese pequeño detalle en tiendas.

Las diferencias habían crecido y me sorprendía que en las juntas estratégicas con vicepresidencia no se llamaran a las cosas como eran, solo se hacían señalamientos y al día siguiente de ver los puntos relevantes, siempre salían los mismos, ¿por qué? ¿cuál era el miedo a decir la verdad? ¿por qué no se podía hablar de las necesidades verdaderas del departamento? Y la respuesta era la misma, Israel no dijo en la junta lo que enviaste para resolver, una y otra vez, "se dejó llevar" y sólo había un culpable, el comprador.

En varias ocasiones me ofrecí a entrar a esas juntas para hacerme presente y hablar por mi posición, la respuesta fue miserable: "sólo entramos los jefes" repetía Israel con tono arrogante y burlón.

Bastante cobarde es embarrar al que te sigue en el organigrama, pero era de esperar una puñalada trapera si la mentalidad no pasaba de seguir en el puesto al precio que fuese necesario mediante un liderazgo medianito pensando así:

"para qué exponer argumentos o necesidades que no conozco, no quiero tener el mínimo roce con nadie, con todos me llevo bien y no me quiero arriesgar" – Israel.

La idea de la empresa desde muchos meses atrás era tener mejor enfoque en el negocio que siempre los hizo fuertes y dominantes, el autoservicio y los clubes de precio. En el camino vendieron los restaurantes Vips y El Portón a Alsea, el banco Walmart a Inbursa y finalmente Suburbia a Liverpool.

El comité internacional de Walmart había decidido dejar en manos de los expertos en México los negocios que desde un inició no conocían muy bien, ropa y restaurantes principalmente, cuando se unieron con CIFRA en 1991 y fue adquirida en su totalidad en 1997, el banco llegó después entre 2007 y 2008.

Me cuesta mucho trabajo entender como gente con esa mentalidad tan limitada mantiene puestos claves en las organizaciones y hay una respuesta que ya hemos comentado antes, lo que te sirve para subir, difícilmente te servirá para sobresalir en el puesto nuevo.

La empresa me gustaba, me identificaba con la filosofía, me ilusionaba pertenecer al grupo, pero era casi imposible lidiar con mentalidades tan cerradas e incapaces de entender un giro tan dinámico como tecnología. Israel y Roal acordarían librarse de tremendo compromiso de tecnología, de cualquier forma, ellos sabían que venía un cambio que podría tomar Super Center en lo que se hacía la transición al comprador de la cadena.

Lamentablemente y muy a mi pesar, entré a Walmart de México y Centroamérica por la puerta lateral, por el VET (Viejo Edificio Toreo).

En 2019, previo a la pandemia del SARS-CoV-2 llegué nuevamente a otra cadena retail como gerente de compras de tecnología en la cadena Sears perteneciente al Grupo Sanborns.

El reto era bueno, tenía la responsabilidad de redimir la categoría de TV y accesorios de video, en ese momento, especialmente en tiendas que atravesaban por excesos de inventarios obsoletos, exhibiciones defectuosas y caducas, problemas de promotoría, marcas decadentes como Panasonic y Philips por ejemplo y otras emergentes como TCL o Hisense que perseguían a Samsung y LG.

Tratándose de una cadena con historial fuerte y del grupo al que pertenecía, la esperanza de victoria, consagración y de consecución de logros era realmente alentadora, al final siempre he perseguido ese objetivo, crecer, ganarme la posición y potencializar mi experiencia en pro de la organización y mi desarrollo profesional obviamente.

Para pertenecer al selecto grupo de compras (por lo menos en tecnología que es específicamente donde yo estuve), tienes que pasar por diversas entrevistas, pruebas de polígrafo para garantizar que seas una persona honesta, sin vicios, equilibrada e íntegra, esta prueba según recursos humanos, se aplica desde 2018 a personal "clave" y además por una prueba matemática que tiene el subdirector, es decir, no forma parte del proceso de reclutamiento formal de recursos humanos y sólo el subdirector conoce las respuestas, nunca hay retroalimentación de esa prueba y jamás sabes cómo te fue, aunque preguntes.

Las primeras palabras de mi jefe y subdirector Inving Kuriel. fueron de lectura de cartilla, no de bienvenida, donde especificaba que es una cadena familiar y difícil de sobrellevar por las exigencias pero que, si aguantas, perduras. Además, que irte temprano está mal visto y que, aunque hay oportunidades de todo tipo como sistema, procesos, internet, distribución, cobranza, etcétera, la talacha es fuerte pero reconfortante.

Él estaba acostumbrado a llegar a su oficina y ya tener el café listo que su secretaria (no asistente), secretaria —recalcaba— tenía que ser puntual y retirarse únicamente si así lo autorizaba. Remataría diciéndome que la categoría a la que yo llegaba le encantaba, que era su pasión y estaba involucrado al cien, después yo mismo descubriría hasta dónde estaba involucrado y las razones.

Sinceramente, no sabía hasta donde creerle y como fui indagando me sorprendía el atraso tecnológico, cultural y de control que había. Por ejemplo, para cargar una promoción, primero necesitabas separar las promociones por proveedor en un formato en Excel, después conseguir la autorización en cadena desde el subdirector, pasando por dirección, contraloría, finanzas, sistemas y mercadotecnia, todo acompañado de sus respectivas firmas, sellos y múltiples copias en papel.

Con todo lo anterior en orden, cargar en sistema y modificar la etiqueta de precio, la que se exhibe en la tienda para que el cliente vea la promoción, una por una, tienda por tienda, en Power Point, además, de las principales apuestas, llevar las fotos en USB identificadas por modelo y SKU a mercadotecnia para que se pueda anunciar la promoción con ese precio en website, Facebook, Instagram y Google en ese periodo, así cada evento, cada semana y siempre. Jurarías que hay un banco de imágenes, un sistema de etiquetado, automatización de procesos, simplificación de pasos, no, nada de eso.

El tema de ventas por tienda, que en ese momento era lo más fuerte, necesitaba atención inmediata, tenían fuertes problemas, por ejemplo, mantenimiento de mobiliario, muebles de marcas descontinuadas, inventarios obsoletos, exhibiciones chatarra y mermas, mucha merma, también en el centro de distribución, pantallas con más de dos años detenidos por una caja arrugada. Ambos casos me afirmaban que nunca habían recibido respuesta y soporte del área responsable.

Las ventas evidentemente estaban en un bache por el exceso de inventarios podridos, pero además, lo interesante aquí es que la competencia de las tiendas Sears en tecnología es su primo Sanborns, la cadena de los tecolotes en muchas tiendas los empleados envían al cliente a Sears a cotizar el artículo de su interés, una vez con cotización en mano, Sanborns mejora la oferta y además te obsequia algo adicional. Nadie hace nada, las tiendas ya se acostumbraron a vivir con eso porque argumentan que en juntas de Staff han puesto la queja y se queda en veremos, siempre.

Podrías pensar que, llegando al grupo, tendrías el apoyo de la cadena prima para hacer sinergia, mejor poder de compra con las marcas y coordinación para una estrategia de precios vs competencia, pues no, todo lo contrario, el vecino era el peor enemigo.

Los periodos de promoción en esa división generalmente son semanales y el número de artículos era aproximadamente de 450 modelos. Por si fuese poco, las principales apuestas llegaban a tu correo dos días antes de la vigencia para autorización de diseño, sino autorizas ese mismo día, ya no hay tiempo para cambios y la promoción simplemente no salía en los distintos medios. Toda esa publicidad también se cargaba en una plataforma de "*Teams*" para mantener el control de cobros que los encargados de mercadotecnia tenían que hacer a la división al final de mes.

Propuse un cambio con una herramienta para cargar las etiquetas automáticamente y que las tiendas pudieran imprimir si desperdiciar papel, además este proceso nos permitiría hacerlo en 5 minutos y no en 3 días. El objetivo era hacer más eficiente el tiempo dedicado a esa talacha para dedicar el tiempo en mejores cosas como negociación con proveedores, atención de rezagados, display, etc, etc, etc.

Además, era un desarrollo en Excel, es decir, no consumiría recursos a la organización, únicamente necesitaba involucrar a las áreas relacionadas para lograrlo, poniendo fecha límite como proyecto, incluso serviría para todas las divisiones, no sólo para la mía, pero la respuesta fue: "eso no es prioridad ahora, para eso está tu asistente y mi secretaria." ¿Cuál era la prioridad entonces?

La prioridad para él, era tomar juntas de 10 am a 6 pm, después de eso, jugar a "atínale al margen", "el producto mensual", "pon a pelear al proveedor", "pendejea a quien se deje", entre otras distracciones que le encantaban.

Otra prioridad notoria, era darle absoluto apoyo a la marca de pantallas que en ese momento era la número dos en Sears, porque en el mercado ocupaba el top de ventas, esto derivado de un viaje al que únicamente asistió Irving y donde se hicieron compromisos inalcanzables y absurdos bajo la influencia del alcohol (dicho por él mismo) que demandaban el total de los recursos de la división, obviamente quise formar parte de la revolución porque el mercado así lo demandaba, pero no tenía acceso a ningún tipo de información, las juntas se hacían únicamente con quien hizo el compromiso no con el responsable, el comprador.

Así pasaba con todas las marcas, después sólo me enteraba de los acuerdos finales, yo no tenía voz ni voto, los proveedores me decían: "tranquilo, siempre ha sido así" y fue entonces cuando comprendí que efectivamente Irving estaba realmente involucrado al cien, él era el comprador, nadie más, estaba al frente de todas las decisiones, compras y promociones de la división, por cierto, las promociones siempre las mismas con proveedores a los que no tenía acceso y que nunca conocí, algo estaba raro, los precios se movían en función de los apoyos de las marcas, calculado para financiar los regalitos de la división, paquetes armados con proveedores de dos o tres artículos que nunca tenían problemas de inventario, siempre eran pagados a tiempo y gozaban de inmunidad hacia las promociones, ventas nocturnas y demás cargos, los precios eran alterados cada periodo para alcanzar el descuento pomposo que se buscaba, algo que a mi parecer es totalmente absurdo y sin ética.

Desde 2005 eran muy sonados en el sector retail las malas prácticas y los escándalos que precisamente esa división de Irving detonaba. Por ejemplo, hubo asistentes y compradores que llegaban en trasporte público o en Tsuru y de repente llegaban en Audi del año, inventario de más de 4 años en calculadoras, por ejemplo, entre muchos otros, ¿cómo pasaba esto? ¿quién firmaba?

Bajo el mando de Irving, puedes salir a comer con el proveedor todos los días, tomar más de 3 horas para volver, recibir regalos, viajes, boletos para los mejores eventos deportivos, etcétera, pero si sales de la oficina antes de las 20:00 hrs, está súper mal visto, es inaceptable.

Seria interesantísimo realizar pruebas aleatorias de polígrafo sólo para "renovar votos" hacer una restructura comercial, rotar áreas, auditar procesos, retomar estrategias comerciales, sólo para reactivar el ímpetu.

¿Valdría la pena limpiar la casa? ¿La liquidación de algunos sería más económica que seguir en el estancamiento comercial? No sé, ya no es mi problema, tristemente fui testigo de esa "fama" que en el mercado se rumora y de eso no los salva nadie.

Sears es una cadena con mucha historia, tienen zonas donde difícilmente otros le pueden igualar, tienen a los mejores vendedores de herramienta, cocinas, automóvil, jardinería, mejoras en casa, ropa con marcas exclusivas muy buenas, muebles increíbles, donde además trabaja gente muy honesta y trabajadora porque me consta de verdad, pero en las áreas donde deberían estar por lo menos a la par de su cercano competidor dejan mucho que desear y éste era un ejemplo claro. ¿De verdad no se dan cuenta de nada? Posiblemente ni quieran.

Irving definitivamente necesitaba otro asistente, no un gerente de compras. Eso sí, si algo salía mal, precios, promociones, etiquetas, cualquier cosa mal, entonces sí, entraba la figura del comprador para señalar un culpable, para eso sirve, por lo menos con él.

Era evidente y notorio en mi semblante que no estaba de acuerdo con la gestión de Irving a mi nombre y también evidente que empezaba a estorbarle.

Algunos compañeros me decían que aguantara, que le hiciera caso, que le diera por su lado, pero me ha quedado muy claro en toda mi carrera que la integridad y la reputación no son negociables. Tenía que ser claro en mi desacuerdo y eso no gusta mucho en una dictadura.

El comprador tenía que estar a disposición desde las 8:00 am hasta las 7:00 pm que Irving empezaba a trabajar porque estaba metido en juntas todo el día desde las 10:00 am que llegaba a tomar su café calientito, después de dictar las decisiones tomadas, el comprador tenía que capturar junto con el asistente todo para que al otro día estuviera listo, es decir, salías a las 10:00 p.m. si bien te iba, en lugar de las 5:30 que era, en teoría, la hora de salida normal. Y cuidado te retiraras antes de las 7:00 p.m. porque era súper mal visto.

Todo lo anterior me sonaba totalmente ajeno a lo que alguna vez escuche de su fundador y presidente vitalicio que decía más o menos así "la gente debe tener calidad de vida y tener un equilibrio para poder ver a su familia y mantener la energía en su trabajo" o "la semana laboral debería ser de tres días para fomentar la eficiencia y el compromiso con las instituciones" ¿Y luego....? Creo que seria muy bonito predicar con el ejemplo y por lo menos donde yo estaba NO era ni cercano a esa filosofía, posiblemente ni sabe, ni le interesa lo que ahí sucede.

Volviendo al liderazgo de Irving, encontré una pequeña nota que va como anillo al dedo y dice así:

"Si bien ningún jefe es perfecto, hay cinco rasgos que suelen indicar que trabajas para una persona tóxica. El primero es el narcisismo: carecen de empatía y no temen manipular para avanzar en su carrera. Suelen ser "micro-managers" y tratan de controlar cada aspecto de tu trabajo. No delegan ni confían en nadie. Ponen la vara tan alta que sus metas y expectativas son poco realistas. Pueden llegar a altos cargos, pero les faltan competencias básicas para liderar seres humanos.

Fuente: BY MARCEL SCHWANTES – INC TOP ARTICLES.

Sin ninguna duda es una definición muy precisa de este estilo de liderazgo, no enseñar, sino humillar, no guiar, sino sorprender, no planear, sino reaccionar, hacer un fuerte uso de la negligencia, el autoritarismo, la amenaza, la prepotencia y arrogancia son las características de una inseguridad gigantesca.

¿Por qué los directivos no saben de estos comportamientos? ¿Por qué son iguales? ¿Por qué confían plenamente? ¿Por qué nadie se queja? o simple y llanamente porque no les interesa nada de lo que suceda afuera siempre y cuando se haga lo que dicten y manden.

Muchas veces los altos mandos, ni cuenta se dan, porque están ocupados en lo que solicite el organigrama desde la cima, muchas otras porque en el exceso de análisis, presentaciones, propuestas que nunca arrancan, juntas, etcétera, se pierde la percepción del clima organizacional y también porque evidentemente el encargado del área, llámese subdirector, gerente, supervisor o el cargo que adopte, presume que en su zona de acción "todo está bien".

La pandemia del SARS-CoV-2 o Covid-19 hacía sus estragos poco a poco, en Sears, los primeros en correr a sus casas obviamente fueron los directivos y familiares, los comentarios de Irving eran algo así como:

"Los jefes no quieren que hagan "home office" porque dicen que no van a trabajar"

"Si a mí me da eso, no me voy a morir, pasará rápido"

"Hay que hacer rifas para ver quien viene y quien se va a casa, pero sólo un día"

Tuvo que caer el primer caso positivo cercano para que pudiéramos ir a casa, más o menos a principios de abril del 2020, cuando casi todas las empresas hacían "home office" desde principios de marzo por el alto riesgo de contagio.

En ese intervalo, entre febrero y abril tuvieron que salir los descuentos a empleados para que se compraran su propia laptop, la empresa no estaba preparada para trabajar de forma remota y menos para darle las herramientas básicas de trabajo a un empleado que tendría que hacer "home office", todos teníamos desktops en las oficinas, pero si eras privilegiado y contabas con una computadora propia en casa, tenías que llevarla a sistemas para que le cargaran todo lo necesario para trabajar desde casa, eso, si era compatible, sino debías comprar una o en su defecto seguir asistiendo a la oficina.

Siendo una empresa perteneciente al grupo empresarial más sólido en décadas me sorprendía mucho notar que por lo menos ahí no había inversión en tecnología, ni en procesos, tampoco en sistemas, ni siquiera en la tendencia mundial de ventas por internet, sólo había inversión en publicidad y gran parte de ese rubro era por "colectas" del área de compras, evidentemente aportaciones del proveedor.

Las empresas más exitosas tienen sistemas y procesos quirúrgicos, la flojera es redactarlos, pero ajustarlos e implementarlos es otra cosa, por ejemplo, en McDonald's, te sabe igual una hamburguesa en la tienda de la esquina de tu casa que en otro estado, porque tienen procesos y sistemas específicos, medibles y calificados. Eso los llevó a la supremacía mundial, el proceso por tiempo, el sistema para hacerlo rápido, fácil y con calidad. Aquí bien valdría la pena empezar por algo, lo que sea significaría un avance.

La gente que tiene décadas en Grupo Sanborns no se espanta, se le hace normal porque, siempre ha sido así y no cambiará. Yo estoy seguro que, con esa influencia y con el potencial del grupo debería ser mejor que su competencia directa, posiblemente ni les interese llevar la cadena a esos niveles.

Lo que sí sé, es que algunos, como Irving, están muy a gusto en esa burbuja comodísima y la realidad es que, cuando los intereses personales del superior inmediato están por encima de los intereses de la compañía remar contra corriente se vuelve prácticamente imposible y brillar por tu trabajo, menos, tarde o temprano hallarán la manera de quitarte del camino y sin decirte simplemente gracias, porque estorbas, no cooperas. Lo malo, es que parece que no se dan cuenta de que su reputación corporativa, que en teoría es un activo intangible e invaluable, ya está por el piso, al menos, en esas divisiones.

Se había gritado a los cuatro vientos que en Carso ningún empleado perdería su trabajo durante la pandemia y yo vi decenas de empleados firmando sus bajas, la mayoría de las tiendas y de centro de distribución llorando entre pasillos y en los elevadores, la próxima vez señores mejor quédense calladitos y hagan lo que tengan que hacer, pero no mientan, para qué alardear algo que no van a cumplir a cabalidad.

Y seguramente se preguntarán a estas alturas, ¿por qué no dijiste nada o lo denunciaste? la respuesta es sencilla, lo hice, sin embargo, los comités o correos de ética (ethics), los buzones de sugerencias y quejas y hasta las figuras de autoridad en recursos humanos muchas veces están de adorno, de relleno y sólo demuestran ser inoperantes en este tipo de casos, no sé si por vergüenza, por miedo al señalamiento mediático o por el temor a quedar desempleado.

Todas las empresas tienen sus pormenores, todas tienen oportunidades y grandes fortalezas, la diferencia entre unas y otras es el compromiso con la que son administradas para cumplir con su misión y visión a largo plazo. Otras prefieren ser rémoras del sistema y simplemente reaccionar a lo que se vaya presentando, sin innovar, sin preocuparse por ser diferentes o relevantes, sólo con seguir al competidor líder, la libran.

Todo lo anteriormente redactado, son los ejemplos y anécdotas que me tocaron experimentar, de los que puedo hablar porque fui testigo y porque tengo argumentos personales vividos, no los he inventado, hay miles de ejemplos, en todos lados, en muchas empresas, de todos los tamaños y niveles, solo hay que ser un poco más curioso para descubrir esas grandes deficiencias que deben ser consideradas por los niveles ejecutivos como verdaderas oportunidades de desarrollo.

Este es mi testimonio, únicamente busco puntualizar las grandes deficiencias de gestión que me tocaron vivir, que frenan carreras de empleados, que bloquean crecimientos, perjudican empresas, vician la administración de núcleos o células de trabajo por deficiencias en el liderazgo y que podrían ser la diferencia para no fracasar y colgar la toalla, anunciar un cierre definitivo.

Específicamente con Best Buy en mi entrevista de salida dejé más de 4 páginas a mano que RH escribió de puño y letra, además escribí un correo a "*ethics*" para dejar testimonio fresco, no pasó absolutamente nada.

Con Sears, dejé también un escrito a RH, tampoco pasó nada. Tenía un borrador en mi e-mail para la dirección general con mucho detalle de todo, después de pensarlo, no lo envié, si no han querido hacer nada en más de 15 años, no lo harían hoy y menos por mi caso.

Tenemos que hacer la dolorosa lista de los constantes errores que se cometieron en Best Buy Mx, en una analogía, digamos que fueron los martilleos constantes que por no corregir de tajo lograron derrumbar desde los cimientos a la cadena de tecnología.

19. Los 7 pecados – la lista de Best Buy Mx.

- Contratos exagerados – ganas por lo que vendes no por lo que pides.

- Delegar de más – confiar a ciegas en quien no sabe.

- No corregir – renegociar no te quita lo valiente.

- No administrar – abrir más tiendas no es sinónimo de crecimiento ni rentabilidad.

- Monotonía – comercial, promocional y estratégica.

- Estancamiento – exceso de comodidad y libertinaje. El exceso de análisis es parálisis.

- Soberbia – los proyectos de vanguardia se otorgan a expertos no a cualquiera que ostente un gran título en el puesto.

20. Los 10 del retail mexicano.

Para mí, es relevante medir siempre y en todo el desempeño de la empresa, se ha dicho hasta el cansancio que "todo lo que se mide se puede mejorar", no necesariamente profundizar en cada departamento hasta las entrañas, eso es responsabilidad de cada encargado, para eso están, sino de forma general tener una visión de evaluación para detectar hoyos, vicios, oportunidades y entonces sí, llegar al detalle para fortalecer un proceso cíclico de mejora continua. Bien dicen que "no debes arreglar lo que bien funciona", por eso primero evalúa y luego métele mano.

Por eso, a mi consideración y experiencia, relato a continuación los diez aspectos clave que se deben considerar en un retailer mexicano para no perder la brújula y si eres directivo para no ser artífice del fracaso, porque te repito, está en TUS manos retomar el buen rumbo, cambiar lo necesario, alzar la voz, renovarse y enfocarte en lo verdaderamente importante, dejarte de juntas sin sentido y planear como zopilote sin aterrizar las ideas dejándote endulzar el oído con lo que te dicen aquellos que están cómodos en tu área.

1. Paso Seguro.

Dar pasos firmes y seguros es una tarea de todos los días, la práctica, la mejora continua irán marcando el rumbo paulatinamente, es decir, siempre deberás estar ubicado, con los pies en la tierra, sabiendo perfectamente dónde estás y hacia donde te diriges. Garantizar que tus células comerciales sepan perfectamente cual es el rumbo y los objetivos, semanales, mensuales, trimestrales, semestrales y anuales. Anuncia los avances, festeja los logros, acércate dónde haces falta, no creas todo lo que te dicen, involúcrate activamente en las áreas débiles para que todos caminen al mismo ritmo.

Nacer crecido es sinónimo de debilidad en un futuro, por ejemplo, contratar servicios de transnacionales cuando vas naciendo, hacer inversiones donde no las necesitas, dejar a fe ciega los indicadores de tu incumbencia, creer que vas por buen camino, sólo porque te lo dicen y confiar en proyecciones y maquillajes futuristas alentadores, harán que te des de topes más temprano que tarde.

2. Autenticidad.

Hacer lo que todos hacen no te hace diferente, te convierten en rémora comercial, lo que dio resultado hace años ahora no es igual, ya no suma, ya se la saben, ya no tiene impacto o llámale como quieras. Los diferentes recursos que genera la operación del negocio deben ser, de alguna forma, una herramienta de cambio y de innovación. Seguramente sabes mejor que nadie como hacerlo, cada empresa tiene sus políticas y procesos, dependerá de la flexibilidad de esta para buscar alternativas nuevas de promoción, diferentes dinámicas, campañas y más que te servirán cada periodo para ser diferente, ofrecer algo más que descuento y meses sin intereses, acuérdate que eso de los meses cualquiera lo hace, es un negocio bancario y nada más.

No hagas lo mismo que Best Buy Mx, hacer un contrato para proveedores leonino, poner las mismas condiciones que todos, abusar del proveedor, pisarles el cuello a tus socios comerciales, sólo te va a dejar problemas, rencores y precios altísimos.

No por nada Best Buy fue líder mundial en tecnología, alguna vez… si, lo dije bien, fue, pero "del plato a la boca, se cae la sopa" si quieres ser el mejor debes demostrarlo, estar seguro de que lo eres, innovando y no lo vas a decidir tú, con el tiempo lo dirán los que te compran, lo que te visitan, los que trabajan para ti e incluso, tu competencia.

3. Idioma.

Literalmente, hablar español, también es globalización, tener a la cabeza un líder sin conocimiento de idioma, mercado y costumbres dará un mensaje de debilidad a tus siguientes niveles organizacionales y a tu competencia. Posiblemente una alarma a los vivales y oportunistas, piénsenlo bien.

Se sabe de varios CEO's que antes de llegar a México, trabajaron en México o en otros países latinoamericanos y después de un periodo prudente y con un crecimiento organizacional, progresivo y consistente, fueron nombrados presidentes o como les quieras llamar, hay de Suecia, Brasil, Estados Unidos, Reino Unido, Alemania, Japón, China, etc. todos hablan "poquiro espaniol" pero saben, conocen y trabajaron antes en ese mercado que quedará bajo su mando. No conozco ejecutivo mexicano en Estados Unidos, Canadá o a dónde vayas, que no sea bilingüe, no hay. Si no quieres morir en el intento como Best Buy Mx, entonces asegúrate que tu líder, tenga conocimiento basto del mercado, que nadie se lo pueda marear y seguramente no tendrás que cerrar tus puertas y dejar a miles de personas sin trabajo incluyendo los latigazos colaterales en proveedores, distribuidores y clientes.

Un líder que visita tiendas sólo en aperturas o únicamente si habrá foto para la prensa o el que sólo habla con subdirectores hacia arriba porque piensa que hablar con los de "más abajo" lo degradan social u organizacionalmente no te servirá de mucho y menos cuando surjan problemas.

Es necesario contar con un líder con comunicación efectiva, que sea claro y sin fronteras, transparente, empático y abierto a la comunicación con cualquiera para que pueda empaparse del entorno, eso permitirá tomar mejores decisiones y sobre todo tener un panorama completo de la organización, cuando digo "hablar el mismo idioma" también me refiero a que puedes hablar con cualquier miembro de la organización, desde el recibo hasta tu vicepresidente, así podrás entender mejor el funcionamiento desde el recibo, las ventas y hasta el balance general.

4. Solucionar.

Si estás demasiado cómodo en tu trabajo y no tienes problemas, ¡búscalos!

Pero cuidado, no me refiero a problemas con los demás, ni buscar pleitos inútiles, tampoco a inventar chismes de radio pasillo, me refiero a los desafíos o retos que están ahí en tu área de gestión y que por algún motivo no se han atendido o nadie ha podido resolver, estos últimos dan más puntos por llamarlo de alguna forma, investígalos y encárgate de ellos.

Solucionar diferentes problemas, tomar nuevos retos nutre el conocimiento, la experiencia y despierta la inquietud por hacer más. La rotación de actividades y responsabilidades, por ejemplo, un cambio de división o departamento evitará el estancamiento, vicios y malas prácticas. Un cambio, motiva y refuerza la evolución del individuo.

En todos los niveles de la organización hay asuntos pendientes, sin resolver y a veces muy importantes o no tanto, pero siempre hay. Si te ocupas de todos asignando prioridades y resolviendo en tiempo y forma cada uno, con el tiempo serás candidato para resolver problemas más grandes, en consecuencia, crecimiento y mejores oportunidades.

Si extrañas tu silla y tu oficina y estás muy cómodo porque según tú, todo marcha sobre ruedas, pues estarás condenado a que tus nalgas dicten tu futuro, sólo porque extrañas tu silla y cuando eches un vistazo atrás no sabrás hacer nada más que lo que sabes hacer hoy, es decir, serás cómplice de tu estancamiento, limitado conocimiento del entorno y las oportunidades se habrán ido.

Seguramente nadie sabrá más que tú de lo que haces hoy, seguro eres un experto, pero tampoco nadie te va a preguntar si quieres superarte o crecer o desarrollarte más que tú mismo, en cualquier nivel en el que te encuentres.

Alguna vez alguien muy querido me dijo "no voy a ir a tu lugar a preguntarte si quieres aprender algo, pregunta, acércate y con mucho gusto te enseño". Tengas o no buenos superiores, pregunta, investiga, acércate a la gente que sabe, auto capacítate, lee y no te quedes con ninguna duda. Resolver problemas paga mejor que provocarlos.

5. Empatía.

Entender de números, ser experto en Excel y en presentaciones de Power Point no te hace experto, ni sensitivo, ni persuasivo ni adivino con tus puntos de venta, el piso de venta es la culminación de todas las negociaciones, acuerdos y esfuerzos que hace tu área comercial desde el escritorio del flamante corporativo.

Nunca asumas que todo está bien y que con un reporte de ejecución o con testigos de montajes alcanzarás los objetivos que te has trazado, asegúrate que la experiencia que quieres dar al cliente con las decisiones que tomaste previamente se cristalicen al 100%, es decir, supervisa la ubicación y exhibición de tu producto personalmente, revisa precios, si el vendedor está capacitado, la competencia, todo lo necesario para garantizar éxito.

Fomentar la visita a puntos de venta también debe ser una labor de todos los que conforman el equipo comercial, compras, mercadotecnia, publicidad, operaciones, recuerda, "date tus baños de pueblo", sé humilde y platica con tu personal de tienda.

Demuestra tu empatía con toda la cadena de venta, sólo en la tienda, tendrás la mejor opinión de la persona que diario atiende a tu cliente, el vendedor, te podrá dar seguramente información muy valiosa de las necesidades y soluciones que buscan para regresar al escritorio a tomar acciones que solucionen mejor esas necesidades y hagas única la experiencia y los números se den solos.

Demostrar la empatía con tu cliente interno te empodera de manera especial para tomar mejores decisiones y negociar mejores cosas con tus proveedores.

Un ejemplo ambiguo pero cierto es, por ejemplo, cuando te das el tiempo de lavar tu carro a conciencia y de repente ves una marca, un rayón o una abolladura, algo que no habías visto y ¿qué dices? ¡madres! no lo había visto... como siempre lo mandas lavar nunca te das cuenta de lo que tiene realmente, ni en dónde sucedió, ni cuándo, porque siempre te dicen que todo está bien y crees que tu carro está perfecto, pues pasa exactamente igual. Date tiempo, vale la pena.

6. Sumar.

A veces restar, suma, es decir, cuando tengas una estructura robusta, pero tu rentabilidad esté por los suelos tendrás que desistir de alguno de tus lujos, por ejemplo, el contratazo del centro de distribución, o qué me dicen de los lujos de consumos internos, las exorbitantes plantillas de tienda, las super oficinas en la crema y nata de la polución, en fin, ejemplos sobran. Pero no te tardes, no dejes que la liga se estire hasta que se rompa, las decisiones de ese tipo te permiten subsistir, hay muchas cadenas con una célula por departamento reducida, no más de 5 personas, operan más de 80 tiendas y ahí siguen.

Radio Shack es otro ejemplo, en sus tiendas sólo les falta vender dulces o asadores, pensaron que teniendo mucho, de todo y caro venderían más y no es verdad, perdieron todo el hilo, la identidad, enfoque que los distinguía al principio y van para allá como Best Buy Mx, posiblemente sea lo más sano para el grupo, repito, a veces restar, suma.

Es muy válido enmendar en camino, replantear directrices y retomar el rumbo, vender de todo un poco generalmente es llenarte de inventarios basura, otro ejemplo es Sanborns, ya vende ropa, sombreros, lencería ¡y hasta piñatas! Sanborns era icónica por regalos de buen gusto, revistas que no podías encontrar en ningún lugar, dulcería gourmet, las enchiladas y hasta la hora feliz del bar, ¿pero ropa? Otro, Suburbia, es simplemente intransitable, explicar y detallar está de más.

En estos tres casos, puedo asegurar con todo respeto, que está mucho mejor organizada y mercadeada una miscelánea o una tienda de ropa de paca, que las anteriores.

Seguramente Best Buy con una plantilla de 10 personas en mercadotecnia hubiera sido suficiente, no 35, por dar otro ejemplo. De entrada, el sueldazo de Silvio, Ludovico y Juan hubieran hecho la diferencia, mantener a 3 que ganan lo de 9 para dirigir al Titanic directo al iceberg es un lujo innecesario, absurdo, Best Buy ha cerrado todas las sucursales internacionales y tendrán que enfocarse en casa para no desaparecer y sumarse a historias como la de Blockbuster y convertirse en un bonito recuerdo retro.

7. Vanguardia.

Para competir en cualquier momento, debes estar preparado con lo último en sistemas, tecnología y procesos, no puedes depender de los mismos pasos que tenías en 1975 imprimiendo mil hojas y recaudando firmas y sellitos, ni encargarle "al que más confianza le tengas" una tarea actual, no futurista, como el e-commerce o el Marketplace, esas herramientas son proyectos de mediano y largo plazo que deberás poner a cargo a expertos y darles la prioridad necesaria para estar por lo menos, a la par del mercado, por-lo-menos.

A veces, no están las personas correctas en el lugar correcto, porque no aceptan retroalimentación, crítica constructiva y enlodan todo, como Ludovico, recuérdalo bien, debes contar con evaluaciones externas que te muestren dónde colocar cada ficha para sacar el mayor provecho, si habláramos de fútbol, no quieres poner a tu mejor defensa de delantero porque para empezar las va a volar todas, en teoría, y además te van a golear y perderás el partido o al delantero estrella de medio, se fundiría, estas quemando cartuchos inútilmente, ¿estás de acuerdo?.

Estar a la vanguardia son muchos aspectos como producto, experiencia de compra, precio, exclusivas, promoción, programas de lealtad, señalización, capacitación y procesos entre los más relevantes de esta industria.

Cada quien, y cada empresa conoce de sus alcances, limitaciones y posibilidades, no hay una receta única ni secreta, no es pollo, insisto, la información y conocimiento del mercado dan mucha certidumbre y hay que conocerlo de cerca, de forma frecuente, no desde el ventanal de tu oficina.

Si crees que sabes todo porque ves Twitter o las noticias del Facebook, te equivocas, en la calle, en las tiendas y en tu competencia está la verdad.

8. **Innovar.**

Hay grandes ideas en todos los niveles de la organización, una buena idea para hacer sentir a los empleados parte de la organización, generar un sentimiento de pertenencia y renovar el compromiso es haciéndolos participar, escuchándolos.

En las diferentes áreas siempre hay oportunidades que ellos ven todos los días porque diario lidian con eso, que tu no ves.

Una encuesta, por ejemplo, puede detonar ideas muy originales en temas como: ahorro, seguridad, procesos, promociones, políticas, prestaciones, ideas en general, sugerencias, lo que sea que pueda hacer participar a la mayor cantidad de personas. Lanza una convocatoria, ofrece algún premio, reconocimiento o recompensa, no tiene que ser económica, recauda información, comunica resultados, reconoce la participación, agradece, premia a los ganadores y publícalo para que todos puedan ver el resultado, comprométete con ese cambio o ajuste y ejecútalo. No hay mejor recompensa que ver el resultado palpable, funcionando y mejorando continuamente.

Lo mismo puede suceder a nivel administrativo, salir de la caja está muy trillado pero la realidad es que ya se les olvidó a muchos, pocos lo hacen y en este negocio lo nuevo siempre funciona.

Si te encasillas en la venta azul, por ejemplo, o los meses, o las ventas nocturnas o los descuentos rimbombantes, aniversarios, etcétera, estarás condenado al aburrimiento de tu cliente, siempre, y sólo te van a comprar bien cuando te bajes los calzones con los precios, perdón, pero es la verdad. ¿Cuántas veces no has visto que algo se vende hasta que tiene descuento? Pasa, y es porque esta caro, es viejo, es malo o de relleno. Necesitas innovar.

9. Predicar con el ejemplo.

Además de que es el principio básico de la educación, donde quieras aplicarlo, el mejor líder que el que pone el ejemplo, siempre, siendo leal a las políticas de la empresa, a los valores éticos personales y sobre todo en su actuar cotidiano. La conducta se dicta desde el propio actuar y no con pancartas fachada ni con frases en el pizarrón de comunicados generales.

Estoy convencido de que la madre de todos nuestros males, por lo menos en México, es la falta de educación. Aquí en mi país, cualquiera se pasa un alto, se puede estacionar en doble fila, puede estacionarse en lugares prohibidos, puede poner intermitentes y detenerse donde sea y a veces sin poner intermitentes, poner las direccionales, si me acuerdo, o si estoy justo dando la vuelta, puedes tirar basura en la calle, estacionarte en lugares prohibidos o en zona azul, cruzar corriendo la avenida con el semáforo en rojo, insultar a un mesero, un policía, etc.

Pero si tienes la posibilidad de viajar a Estados Unidos de América….

La cosa cambia, todo lo pido "*please*", no insulto a nadie, no tiro basura, ni las colillas (si fumo) siempre busco donde tirarlas y fumo donde es permitido, si tengo la posibilidad de manejar, jamás me paso un alto, pongo direccionales siempre y con 300 metros de anticipación, no ocupo el celular mientras manejo, me estaciono derechito y hasta toco el pinche botón del semáforo para cruzar la calle…

¡¡¿Por qué?!!

Porque sabes perfectamente que si haces algo mal allá, te aplican la ley a rajatabla, sin miramientos, como debe ser.

Debes comportarte siempre como dicta tu sentido común civilizado, como debe ser y no abusar de la inoperancia de quien aplica la ley, donde te encuentres.

Haz las cosas bien, aunque nadie te vea, así se refería Henry Ford acerca de la calidad. Predica con el ejemplo, enseña y demuestra siempre tu disposición para hacer lo que se debe hacer, donde te encuentres.

Por ejemplo, un clásico en retail, si no está permitido recibir regalos en tu empresa, no lo hagas, aunque tu puesto diga "soy jefe", cuando recibas un arcón navideño, simple y común, rifa el contenido entre tu equipo, también lo puedes donar a los empleados de tienda o centro de distribución por ejemplo, si no se puede ir a comer con los proveedores, no regreses a la oficina con aliento alcohólico y dando minutas de tu reunión de tres horas como Irving, recuérdalo bien también, si está prohibido imprimir cosas personales en la oficina, no dejes en la bandeja el itinerario de tus vacaciones, si regañas a tu asistente por llegar tarde, no llegues después de todos a exigir tu cafecito caliente, debes de ser un ejemplo a seguir y apegarte a las reglas para ser respetado.

Cómo podrías exigir a un cajero que haga su trabajo rápido y tiempo si no has sido tú mismo cajero, debes saber de qué hablas para exigir resultados y si no sabes lo haces tú mismo hasta entender de qué se trata.

He visto gerentes distritales descargando un contenedor en un centro de distribución, incluso haciendo "picking", acomodando cajas, montando exhibiciones, entre muchas otras cosas. A la larga, ellos gozan de gran admiración de sus subordinados, son dignos de autoridad y respetados.

También he visto lo todo lo contrario, gerentes y directores que piensan que en título de la tarjeta llevan el timón y por eso tienen derecho a solo mover un dedo como orquestadores de sinfónica con la ceja levantada y generalmente no gozan más que de su sueldo y el repudio de todo su equipo. No te vaya a pasar como a Irving que en su entorno no lo bajan de misógino y corrupto, pero no le vayan a decir, él no sabe. Imitar a la persona equivocada limita tu capacidad de liderazgo.

10. Evaluar.

Buscar diferentes formas de evaluar el desempeño es válido, no dependas únicamente de lo que dice recursos humanos o de los programas a su alcance. De qué te sirve una persona en la misma posición por 20 años, conoce sus aspiraciones e impúlsalo a mejorar, a auto superarse, es muy válido, posiblemente está muy cómodo o simplemente no tiene hacia donde crecer.

Existen en la red muchas evaluaciones de desempeño, de personalidad, de potencial, matemáticos, de cultura general, de actitud y aptitud, de habilidades, idiomas, etcétera. El objetivo es conocer de mejor forma al personal para reforzar sus fortalezas y trabajar en minimizar sus debilidades, recursos humanos tendrá que estar al tanto porque es ahí donde incumbe el potencial humano, se pueden conseguir cursos, pláticas, libros y todo lo que te permita impulsar a la mejora continua del personal. Si te propones programar actividades de este tipo, verás que en cada evaluación hay cambios favorables, seguro.

No conozco a nadie que le moleste capacitarse en temas que son de gran utilidad como Excel, Power Point, Acces, Finanzas para no financieros, negociación, temas gerenciales, prospección, estrategias de pricing, estado de resultados, medios digitales, publicidad en redes sociales y mucho más, posiblemente tengas a lado alguien que puede dar un curso y no sabes. ¿Qué tal una certificación de compras?

21. Conclusiones.

No soy responsable del pasado de las empresas donde tuve la posibilidad de colaborar, ni del pasado de las categorías que representé, pero, si soy responsable a partir de mi llegada y su futuro hasta donde me alcanzó, por eso me atrevo a redactar cada momento porque no soy cómplice ni solapador de nadie, siempre he querido destacar por mi trabajo, mi esfuerzo, conocimiento y mi aporte, y no por compadrazgos baratos ni por "seguir la corriente" simplemente no puedo, no estaría mi conciencia tranquila jamás.

Salí de la empresa que me enseñó mucho al principio de mi trayectoria laboral porque en ese momento estaba por cumplir 9 años, nunca me ha gustado sentirme cómodo, ni estancado, como dicen en la mentada "zona de confort", necesitaba nuevos retos porque estaba en la edad de buscarlos, de exigirme, de aprender más, no salí por malagradecido y por eso busqué moverme a Best

Buy cuando apenas se había anunciado su llegada a México, era fascinante llegar a formar parte del equipo fundador de la empresa.

Cuando llegué a Best Buy era la persona más feliz, me sentía con una fuerza y unas ganas de hacer las cosas que no me cabían en la cabeza, tenía miles de ideas y traté siempre de aportar, de enseñar, de cooperar y servir. Hice amistades increíbles y obtuve muchas satisfacciones, aprendí mucho obviamente y a nuestro pesar la cadena ya no está más aquí en México, sin dudar fue una triste noticia ese 24 de noviembre del 2020.

Muchos lamentablemente se quedaron sin trabajo, con una buena lana porque eso sí, liquidaron con creces y muy superior a lo que marca la ley, con muchas ganas de decir "discúlpanos" y "por favor no te vayas a quejar" "de verdad lo hubiéramos podido hacer mejor pero que te digo..." muchos otros lograron colocarse en otras cadenas donde continúan su carrera, muy pocos tuvieron la fortuna de formar parte del equipo de Best Buy en Estados Unidos.

Don Silvio termino como Territory Senior Vice President, en algún lugar de EUA, sin duda un premio mayúsculo a su accionar en México y por terminar con todo el esfuerzo de años de trabajo de muchísima gente.

El accionar de Ludovico en Best Buy México fue desde el original cuando llegó como "*Domain Lead*" y tuvo seis diferentes ascensos pasando por subdirector, director, director Sr y hasta llegar como VP de e-commerce e IT gracias a la bondad de Silvio, no veo necesario lo rimbombante de los puestos, se escuchan bonito, al final los hechos y los logros son los que llenan la tarjeta de presentación y el curriculum, le deseo éxito. De Juan mejor ni hablamos, creo que se dedicó a otra cosa y estoy seguro de que fue lo mejor.

Fracasos siempre habrá, pero se afrontan con responsabilidad y se superan en tiempo y forma, no te quejes, levántate y alza la cara porque somos más los que queremos mejores cosas.

Con este libro, estimado jefe, director, CEO, VP, o como te llamen en tu empresa, pretendo fomentar tu proactividad y despertar tu inquietud por saber más de lo que pasa entre cubículos, no por estar donde estas, creas que lo sabes todo o que dominas todo sentado moviendo el dedo, que de vez en cuando te des tus "baños de pueblo" escuchando abiertamente y de preferencia de forma confidencial, las necesidades y sugerencias de los empleados de la parte baja del organigrama a veces llamados "la tropa", te garantizo que saldrán buenas ideas, buenas aportaciones, nuevos proyectos y mucho más. Solo hay que ser un poco más curioso y preguntar, nada más.

Al final, esa simple actividad puede terminar en mejor desempeño simplemente por **saber escuchar**, mejores resultados porque te permitirán como ejecutivo tener mejores objetivos globales mejorando constantemente, sólo por los pequeños cambios, ajustes o **controles** que implementes, no confíes en todo lo que te dicen tus subordinados directos, pregunta, indaga, investiga, ¡pruébalo!

Como lo has visto en la historia de Best Buy en México, como cabeza de la organización, confiarte o el exceso de confianza, delegar de más, escuchar cuentos de hadas, la apatía, falta de comunicación y desconocimiento del mercado y competencia directa causan estragos irreversibles tarde o temprano afectando tu récord y la vida de miles de empleados que daban su mejor esfuerzo, pero jamás fueron escuchados.

Entiendo perfectamente que para eso delegas, que tus actividades y compromisos no son los mismos que antes, pero está en tus manos, y tu consolidación profesional también depende de todos los que te reportan, no únicamente de tus decisiones en el escritorio. Visita tiendas, platica con los vendedores, muestra confianza, pero sobre todo muéstrales **confidencialidad y empatía**, te garantizo sorpresas. Es mucho mejor que tú lo descubras, a que pongas cara de incredulidad cuando alguien más lo ha descubierto por ti, piénsalo. La misma importancia debes dar para conocer proveedores, saber qué hacen, quiénes son, de dónde vienen, qué planes tienen, cuánto representas para ellos, etc. Ubícate bien, siempre.

Como empleado, como aprendiz o en cualquier nivel donde te encuentres en tu organización, en algún momento posiblemente te des cuenta de que no encajas en la cultura laboral o en el ambiente de trabajo o algo no te hace sentir parte de la empresa, en ese momento debes tomar decisiones de peso, no cometas el error de aferrarte a un cambio que posiblemente nunca llegue, mejor, busca una reubicación en la misma compañía, aprender de otra categoría, ofrécete siempre para aprender, no te estanques en lo que haces hoy, debes ser multidisciplinario y saber de todo un poco, que nada ni nadie impida tu crecimiento y si definitivamente no ves hacia dónde, busca un cambio en otra empresa, no tengas miedo, un cambio siempre es bueno generalmente se traduce en evolución, pero debes buscarlo y provocarlo tú mismo.

Recuerda que el mejor líder es el que enseña y también el que reconoce un error y sabe pedir una disculpa, el que disfruta con humildad los triunfos y se mantiene equilibrado ante la adversidad, que no te vean jalándote el cabello, por ejemplo. Nunca caigas en la soberbia, ni exceso de narcisismo, no seas el "sabelotodo", si no sabes, pregunta, así de fácil, tampoco trates de demostrar un liderazgo disfrazado de arrogancia, o tratar de ser quien no eres, como dice el buen Odin Dupeyron en el teatro "las virtudes exageradas, son defectos".

Apégate a un buen mentor que sea capaz de llevarte al siguiente nivel, con quien sientas que compartes la filosofía de la empresa y compartas un compromiso laboral asequible. Es primordial que tú lo busques, que seas quien busca aprender y desarrollarse, recuerda que nadie te buscará en tu lugar para enseñarte, nadie.

También recuerda siempre, que no hay buen profesional si no eres primero un buen ser humano, que en tu carrera cultives buenas experiencias y seas digno de la recomendación de alguien, eso lo logras siendo un compañero o jefe íntegro, exigente pero que enseña y guía, no impongas tu palabra o parecer, no te ayudará eso en ningún nivel.

Sé agradecido siempre, la cultura del agradecimiento combinada con humildad y trabajo te darán muchas satisfacciones, es buena energía circundando en tu entorno, promuévelo, estoy convencido que, si todos usáramos las palabras "gracias, por favor y con permiso" con mucha más frecuencia seríamos mejor sociedad.

La industria del retail en cualquier país es relativamente pequeña, la mayoría de los proveedores se conocen, lo mismo pasa con áreas como mercadotecnia, compras, ventas, etc. Por eso, pórtate bien, no hagas cosas buenas que parezcan malas y mucho menos hagas porquerías de las que te puedas arrepentir toda la vida. Mantener buenas relaciones con tus clientes internos y externos, te dará más satisfacciones. Gritar a tus proveedores, engañar a tus clientes o no resolver cualquier malentendido en tiempo solo te dejará dolores de cabeza, resentimientos y malos momentos a futuro, créeme, más adelante te encuentras con todas esas personas que trataste bien o mal, tú decides.

En todos estos años me di cuenta de que, el corazón de una empresa dedicada a la venta minorista o retailer, está precisamente en los que son dueños de la chequera, compras, es ahí donde se toman las decisiones que impactarán directamente al piso de venta y sobre todo al estado de resultados de la compañía.

No es suficiente el curso de inducción para decir:

- ¡Listo muchacho… a comprar de ha dicho!

Muchos cursos de inducción son hechos para informar al nuevo integrante de la historia, la trayectoria y la actualidad de la empresa a la que ha llegado, muy válido y necesario, sin duda, pero muchos otros son dirigidos a sentirse parte de la familia del fundador, a cambiarse el apellido y eso está bien hasta cierto punto porque entiendo que hay que ponerse la camiseta, pero no hacerles pensar que han cambiado de linaje.

Hay muchos empleados, en especial los compradores que no saben ni siquiera dónde están parados, o cuánto representan para su proveedor y pegan unos gritos como si estuviera a su lado, como en película de *Star Wars*, el espíritu del fundador de la empresa vigilando su accionar, ¡ridículos! manotean y amenazan, seguramente no saben que representan el 1% del mercado o menos pero sienten que son Dios, porque eso les hicieron pensar en su inducción, normalmente su equipo comercial no sabe que suelo pisan, creen que estar en compras es tener la sartén por el mango y aunque una posición en adquisiciones casi siempre tiene el poder, cuando no conoces tu posición en el mercado sueles hacer un gran ridículo.

Posiblemente representes a un gigante de tiendas de autoservicio, por ejemplo, pero si compras drones, debes saber que afuera hay quien vende 10 veces más y ridículamente amenazas al proveedor con sacarlo de tus tiendas, posiblemente eso quiera, das más problemas que ventas, ¿lo has pensado?

Un vendedor en cambio, recibe muchísima capacitación, cursos de ventas hay miles, de todo tipo, presenciales, en línea, remotos, pláticas motivacionales, libros, audiolibros, documentales y muchos más, todos muy buenos y cuando se sientan frente al comprador, obviamente preparados previamente para una negociación, al llegar, saludan con una sonrisa de oreja a oreja, platican, tratan de romper el hielo, llegan con un café o agua, para que su contraparte se relaje, en ocasiones el comprador puede inquietarse por tanta amabilidad pero los vendedores son expertos cazadores y saben hasta dónde llegar y comenzar con el "*speech*" de venta, perfectamente articulado y cronológicamente perfecto.

Para ese momento ya escanearon perfectamente a su contraparte y saben por dónde llegar, porque lo prepararon, porque se informaron porque son soldados perfectamente entrenados para la guerra del comercio.

Del otro lado, el comprador, recibe al proveedor muchas veces porque no le queda de otra, he visto infinidad de ejemplos que salen a negociar sin libreta, sin calculadora, sin laptop, sin prepararse, sin idea de lo que van a ver y con prisa, casi siempre. Terminan la reunión, siempre diciendo algo más o menos así:

"bueno gracias, mándame toda la información por e-mail, con tus mejores precios y yo te aviso"

Eso denota al vendedor, que si está preparado, que el comprador no tiene ni puta idea de dónde está parado, ni lo que necesita, ni lo que le falta, nada. Además de la pésima imagen que da de la compañía un responsable de compras.

Pero, nadie los prepara, no los certifican, nadie les habla de la preparación de una negociación, nadie les enseña a decir "No, gracias en este momento no lo necesito, no es lo que busco" muy pocos tienen esa virtud de sensatez. Los compradores no son merengueros, aunque algunos así gestionen, tampoco son coyotes de autos, son COMERCIANTES, deben ser profesionales de su labor en la empresa, negociadores, cambiar el valor del dinero cuando sea posible, detectar oportunidades, buscar alternativas, muchos de ellos ni saben lo que significa estar en esa área tan representativa, y la verdad es que no hay cursos de compras ni de negociación que sean accesibles, hay muy pocos y muy caros.

Es lamentable que en varias cadenas, los responsables de compras estén ocupados en presentaciones y juntas inútiles, viviendo de planear y proyectar números, ocupando el tiempo en ver a qué proveedor le van a pagar esa semana o dando explicaciones el día cinco de cada mes, cuánto van a tener de aportación para el margen o si van a llegar al presupuesto de ventas o no y porqué.

Además, si ya están preparando lo de la siguiente temporada y presentaciones de qué habrá, y para no variar, lo mismo… nada va a cambiar si los pones a resolver problemas de pagos, problemas de tienda, aclaraciones de facturación o a presentar "proyecciones" absurdas. La colaboración entre áreas es importantísima, pero una cosa es colaborar para ayudar en los problemas de otros y otra muy diferente es hacer el trabajo de los demás.

Saber diferenciar entre mi disposición para los demás y la disposición de los demás con mi tiempo son dos cosas muy diferentes, a veces decir no, es mucho más sano que decir si a todo, volverse indispensable en todo, como decimos en México, ser ajonjolí de todos los moles no es bueno para nadie.

Siempre se ha dicho que trabajar duro es el camino para salir adelante, pero hay que definir "duro". Si sales de tu casa a las 6:00 am y llegas a la oficina a las 7:30 am saludas a todos tus compañeros, hablas del partido del fin de semana o la película que viste, vas por café y algo para desayunar, después al baño, entra a la junta de las 9:00 que generalmente dura dos horas, comienzas a trabajar a las 11:30 después de comentar los puntos de la junta, sales a comer a las 2:00 pm y regresas a las 4:00, otra vez al baño y retomas tu trabajo a las 5:00 pm pero a las 6:00 pm vas por otro café para evitar el llamado "mal del marrano" y sales hasta la madre a las 8:00 pm para enfrentar el trafico y llegar de malas a tu casa a las 10:00 pm.

Discúlpame, mi querido amigo, pero no estás trabajando "duro", te estas haciendo pendejo, nada más, trabajar horas efectivas es evitar todas las distracciones ajenas a lo que debes hacer en tu trabajo, tales como redes sociales para empezar, paseos, café, saliditas a fumar o platicar, extender la hora de comida y más, tú sabes bien cuales.

Terminar con esa cultura caduca y retrógrada de trabajar mucho es vital para dar el siguiente paso, vivir en la oficina es un lastre nefasto del siglo pasado, debemos ser partícipes de promover y fomentar la eficiencia en todos sentidos, para lograr un equilibrio en lo laboral, lo personal y el esparcimiento será necesario migrar a una mentalidad mucho más vanguardista, dan tristeza los datos que se presentan internacionalmente, por ejemplo, estos del total de horas trabajadas por trabajador que nos brinda en su página La Organización para la Cooperación y el Desarrollo Económicos, OECD.

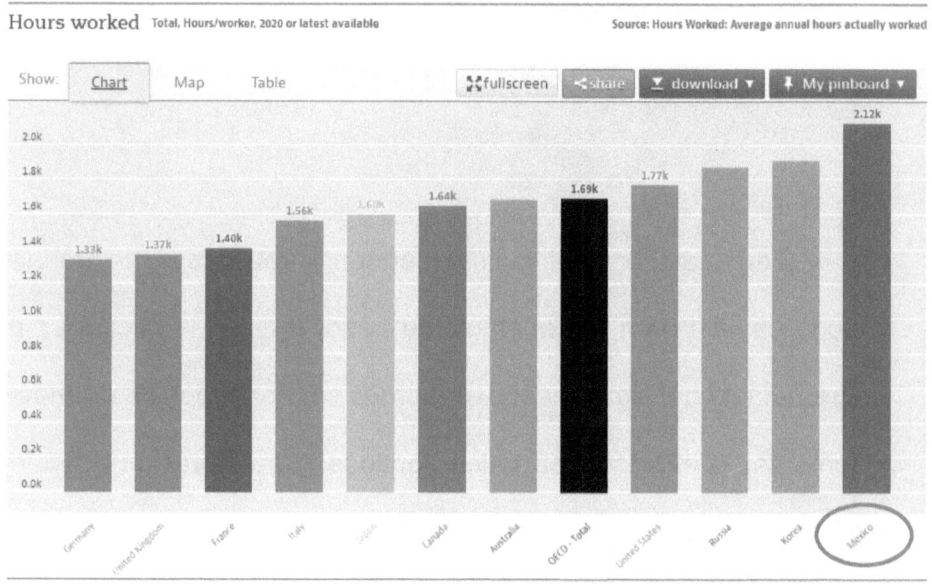

Fuente: OECD.com

Alemania tiene un promedio de 1,332 horas trabajadas por trabajador, entran a laborar, en promedio, a las 09:00 y salen religiosamente a las 17:00 horas, trabajando sin distracciones enfocados 100% a las responsabilidades del puesto.

En México trabajamos 2,124 horas por trabajador, es decir, 59.46% más que el país europeo, comenzando en promedio a la 8:00 hrs y terminando a las 20:00 si bien te va.

¿Te has puesto a pensar la razón?

¿Se te ocurre alguna solución que resuelva en cadena las necesidades de todas las áreas de tu organización?

Tratar de imitar lo bueno es loable, es muy válido buscar el equilibrio laboral, personal y de descanso para brindar lo mejor da cada uno, intentar algo diferente y romper el paradigma del "no se puede" "no me da tiempo" "no me da la vida" es un tema de organización y respeto a los demás, piénsalo.

Si bien la pandemia trajo sorpresas sobre el rendimiento del personal administrativo en el "home office" porque se volvieron más eficientes, también hay que decir que el abuso en las horas de disponibilidad también se ha dado.

Previo a la pandemia casi todos comenzaban a trabajar después de una hora o más de haber llegado a la oficina, porque saludas a medio mundo como lo comentamos anteriormente, preparas el café, vas al baño, platicas con alguien y después de todo eso te sientas a trabajar, atiendes llamadas, las veces que te requieren en la oficina del jefe, las juntitas, los mil distractores adicionales, etcétera, etcétera, etcétera, eso sin contar que llevas una hora nalga o mucho más de carro o transporte público para llegar a tu lugar de trabajo.

Perdías tiempo efectivo, ahora, ahorras más de 2 horas solo de trayecto en la ida y ya estas conectado contestando correos y esperando las juntas virtuales, igual de efectivas que si te desplazas a la oficina del cliente tardando otra hora nalga perdida... es decir, eres mucho más eficiente, pero debes saber que si hay tecnología que lo permite entonces también debes respetar la hora de desconexión, y no es algo que se me ocurra hoy a mí, es algo que está pasando en todo el mundo y todos los días.

Debemos respetar ese equilibrio, me consta que hay gente trabajando a las diez de la noche en juntas los martes, por dar un ejemplo más. ¿por qué no les rinde el día? tiene las mismas 24 horas antes de pandemia, el virus no dio tiempos extra.

DEMUESTRA RESPETO POR EL TIEMPO DE LOS DEMÁS.

Demuestra tu liderazgo respetando el tiempo de todos, el respeto por el tiempo de los demás debe ser una de tus mejores virtudes como dirigente de un grupo de trabajo, recuerda que el tiempo es un activo intangible y NO renovable. Si crees que no te rinde el día, no es culpa de otros, es tu administración del tiempo y será tu labor mejorar en ese rubro. Todos tenemos que descansar y gozar de nuestro propio tiempo, toma en cuenta lo siguiente:

• Todos tenemos vida personal y compromisos propios.
• No llames a nadie fuera del horario laboral.
• Ser puntual al entrar es tan respetable como la hora de salida.
• Todos tenemos horario de comida, todos.
• Si no te responden en horarios de descanso, ni te molestes.
• No agendes juntas fuera del horario laboral.

No es lo mismo promover el ánimo, que provocar lo anémico.

Busquemos un equilibrio para todos, no será la primera, ni la última pandemia o catástrofe, qué sé yo, prepárense y por favor vayan jubilando las anticuadas desktops, actualizarse también es señal de interés en el futuro.

En fin, cada uno es dueño de su opinión, de sus pensamientos y de sacar sus propias conclusiones, seguramente y como todo el mundo tendrás buenos y malos momentos en tu trayectoria laboral, tendrás la libertad de hacer tu propio juicio de cada momento y de tu actualidad.

Por último, comentar que me siento muy orgulloso de haber formado parte del nacimiento, crecimiento y "*boom*" de Best Buy en México, satisfecho con los resultados que ofrecí, sin duda, me sirvieron todas las etapas de mis trabajos anteriores para ofrecer lo mejor. Siento mucho que se haya terminado de esa forma un jugador tan importante en el mercado minorista en México, de verdad se le extrañará siempre.

A todas aquellas súper, medianas, pequeñas y microempresas que han tenido que cerrar derivado de la pandemia del Covid-19, por toda la gente que cayó en desempleo, que perdieron sus negocios y todos los que siguen dando lo mejor cada semana para tener un mejor futuro y país, que sean recompensados muy pronto y por largo tiempo.

22. Agradecimientos.

Esta es mi sección favorita, decir gracias es un placer del alma y ser agradecido enriquece el espíritu.

Por eso, especialmente a ti que te has dado el tiempo para leer este libro, también, a todos, si a todos los que están citados en este relato, porque sin su participación simplemente no hubiera sido posible. En la vida recorres muchos caminos, encuentras mucha gente, algunos seguirán, otros tomarán otros caminos, otros serán un lindo recuerdo, otros no tanto pero, al final formarán parte de mi historia en este planeta por siempre, sólo por eso, GRACIAS.

Gracias Javier Valero por enseñarme a valorar mi trabajo, ser puntual y cumplido, porque me enseñaste que, hacer lo que sabes siempre será más fácil que hacer lo que no te gusta.

Gracias Manolo Fernández por ser mi gran maestro laboral, después por ser mi amigo y ahora un gran maestro de vida, tu fuerza de voluntad es inquebrantable y de verdad valoro el tiempo que pude convivir y trabajar contigo para aprender a negociar, hacerles frente a las grandes dificultades de la vida, gracias por tu confianza y soporte siempre.

A Marisela Orihuela por sus consejos y por enseñarme que decir "ya está" es porque "ya está" no hay más, a Judith Aguilar por enseñarme qué es la inteligencia emocional y el autocontrol antes de actuar, a Sandra Barajas por su practicidad en el desempeño, a Gerardo Brandi por su paciencia, por tanta sensatez y ejemplo de trabajar duro y poner el ejemplo, gracias, al buen "Cuco" Hugo Zabaleta por su apoyo y todas las tortas y refrescos que te gané.

A Gerardo Machado, mi querido "companche" mil gracias por su confianza y amistad, siempre estaré agradecido con tus enseñanzas y aprecio, nunca olvidaré que "los huevos no son al gusto" porque sin disposición nada sale bien. A mis compañeros de resurtido a mi llegada a OfficeMax por todo su apoyo David Iniestra, Giovanni Islas, Jorge Muñoz, a todos gracias. A Enrique Langle por su todo su apoyo en operaciones y su gran disposición por sacar adelante los proyectos y temporadas.

A los señores A. González y E. Franco por su confianza y exigencia férrea para mejorar cada semana, siempre estaré agradecido y orgulloso de haber colaborado con ustedes, gracias.

A todos mis compañeros de OfficeMax, gerentes, tiendas, a todo el equipo de centro de distribución, porque en casi 9 años de historia fue lo mejor que me pudo pasar, todas mis bases y aprendizajes me los dieron con todo el corazón, tengo tantos recuerdos que me alegran la vida, no los cambiaría por nada, fuimos una gran familia, gracias a todos.

Gracias Eduardo G. Fabregat y Joaquín Sticker por su confianza y liderazgo, por su apoyo y la oportunidad que junto con Liliana Tapia y Monserrat Bolaños me brindaron para ser parte del inicio de la gran historia de Best Buy en México, para mí era un sueño trabajar ahí y estoy orgulloso de eso, aun siento la gran sensación de abrir la primera tienda, algo que nunca olvidaré, gracias Lili, gracias Montse, gracias José Luis Camargo por tu confianza.

Obviamente agradecer a Fernanda Herrera por recibir mi e-mail y darme una entrevista desde cero, de verdad gracias. A todos mis compañeros de trabajo y equipo de tiendas de Best Buy gracias por tanto aprendizaje y experiencias.

Gracias Osmin Cedillos, Paola Ruiz, Ale Mendoza, Paty Toledo, Luis Javier, Fanny Casillas, Paco Cruz, son los mejores asistentes que pude tener a lo largo de mi trayectoria, leales, trabajadores, con gran disposición y sobre todo mucho potencial, les agradezco con el alma su compañerismo y lealtad porque sin ustedes no se hubiera logrado nada y la realidad es que hay mucho que contar, de verdad gracias de todo corazón.

A todos los proveedores, socios comerciales y colaboradores les agradezco todo el apoyo y profesionalismo mostrado en estos años, han sido parte de mis retos y logros y no hubiera podido sin su colaboración y confianza, les deseo mucho éxito, satisfacciones y recompensas para gozar de la vida, gracias.

A TODOS… GRACIAS, GRACIAS, GRACIAS.

¡Bienvenido!

Me gustaría mucho leer tu opinión, también saber si quieres compartir algo, si has pasado por alguna situación similar en tu lugar de trabajo o simplemente quieres hacer un comentario, por favor escríbeme.

Puedes encontrarme en redes sociales usando el **#BestByeBook** en:

Facebook: Facebook/BestByeBook
Twitter: @fqd10

www.ingramcontent.com/pod-product-compliance
Lightning Source LLC
Chambersburg PA
CBHW031625210526
45464CB00004B/1754